Best Collection
BAND SCORE : Including 15 Words and Music
the pillows

the pillows Equipments

山中さわお Sawao Yamanaka
Vocal & Guitar

① BOSS GE-7 Equalizer
② BOSS BD-2 Blues Driver
③ LINE 6 DM-4 Distortion Modeler
④ BOSS TU-2 Chromatic Tuner

Ampeg［上側］

Fender-CYCLONE

Fender-CYCLONE

Ampeg Reverberocket R-212RJ

真鍋吉明 Yoshiaki Manabe
Guitar

① Jim Dunrop KFK-1 Ten Band Equalizer
② BOSS PS-5 Super Shifter
③ electro harmonix SOVTEK BIG MUFF π
④ Voodoo Lab Pedal Power 2 Power Supply
⑤ BOSS TU-2 Chromatic Tuner
⑥ LINE 6 DL-4 Delay Modeler
⑦ Sobbat A/B Breaker
⑧ electro-harmonix SOVTEK BIG MUFF π
⑨ BOSS MD-2 Mega Distortion
⑩ BOSS BD-2 Blues Driver
⑪ MORLEY Bad Horsie MODEL WAH

Squier-JAGMASTER

Fender-MUSTANG
with Seymour Duncan JB PU

Amp Head
ORANGE OR120

Cabinet
ORANGE OR412

佐藤シンイチロウ Shinichiro Sato
Drums

① Crash————————MEINL Byzance 16"
② Ride—————————MEINL Byzance 20"
③ Crash————————MEINL Byzance 18"
④ Hi-Hat————————Zildjian 14"
⑤ Snare————————5.5"×14"
⑥ Tom——————————10"×13"
⑦ Floor Tom————————16"×16"
⑧ Bass Drum————————16"×22"
⑨ Pedal————————Iron Cobra Pedal HP900P（Power Glide）
⑩ Hi-Hat Stand—HH45R

TAMA Starclassic Drum Set

鈴木 淳 Jun Suzuki
Bass

① Guyatone AC-105
   Power Supply
② BOSS TU-12H
   Chromatic Tuner
③ Whirlwind Selector
   A/B BOX
④ BOSS GEB-7
   Bass Equalizer
⑤ SANSAMP classic
⑥ electro-harmonix
   SOVTEK BIG MUFF π
⑦ BOSS FS-5L
   Footswitch

Pre-Amp
intersound IVP

Amp Head
acoustic B-4

Cabinet
上 acoustic FTR 410M
下 acoustic TR-118B

Fender-Jazz Bass

Fender-Precision Bass

the pillows　楽曲解説 INTERVIEW

表面上はシンプルに聞こえるナンバーにも、高感度なバンド・センスが含まれているピロウズの楽曲。ここでは主にライブにおける音作り、奏法、アンサンブルのポイントをメンバー自身に語ってもらった。山中さわお（ボーカル／ギター）、真鍋吉明（ギター）、佐藤シンイチロウ（ドラム）、そして、サポート・メンバーの鈴木淳（ベース）の4人揃ってのインタビューは極めてレア。「Swanky Street」から「MY FOOT」まで、ピロウズ・サウンドの秘密が今、明かされる!!

Swanky Street

山中「ピックアップはフロントで弾いてます。エフェクターはライン6というディストーション・モデラー。いろんなビンテージの歪みがモデリングしてあるんですけど、その中からチューブ・ドライブをチョイスして使ってます。アンプはアンペグっていうヤツです。奏法的なことで言えば、この曲はテンション・コードが多いんですよ。"9th"とか"maj7"とか"sus4"とか。そういうのをきちんと弾かないと、ボーカルが歌いづらい。僕が中学生のころはかなりはしょってましたけどね。マイナーかメジャーかが合ってて、なんとかなんだろうって（笑）。この曲のテンション・コードは歌メロとの兼ね合いで必要性があって使ってるので、なるべく正確に弾いてください。以上！」

真鍋「えーと、まず機材面でいいますと、レコーディングでは全部ダンカンのストラトキャスターで弾いてると思います。音色はクリーンのアルペジオとファズ・サウンドの対比ですね。クリアな部分はストラトのテイスト感を出した音色、サビはファズで、トレードマークのビッグ・マフを使ってます。ちなみに山中のバッキングは卓でモジュレーションをかけてます。ライブではやってないけど。奏法的には、アルペジオの部分がかなり変則的なリズムなんですよ。ここは曲調に合わせてコツコツと弾いて、サビでファズを踏んで爆発する…そうすると、この曲の雰囲気が出ると思います。ソロはブチ切れた感じで、アウトスケールしてますね。エモーショナルな感じでやってみてください。それからソロのあとからAメロに戻る部分は、CDではギターを重ねたりE-BOWで音を伸ばしたりして使ってああいう世界観を出してるんですけど、ライブではアルペジオにディレイをかけて乗り切ってますね。難易度はBです」

鈴木「大まかなベース・ラインだけを抑えて、あとはわりと変えちゃってます。CDにはソウルフルなフレーズが出てくるんですけど、雰囲気を大きくはずさなければ、あとはアレンジしてもいいのでは。音色はかなり歪ませます。ほとんどの曲で歪ませてるんですよ、僕」

佐藤「ドラムについては、16ビートに聞こえるかもしれないけど、実は8ビートですよってことですね。ポール・クックになったつもりで、パンクな気分でやってください。ポール・モーリアじゃないよ（笑）」

ストレンジ カメレオン

山中「これもピックアップはフロントですね。僕のギターは、けっこう簡単なんじゃないかなあ。難易度Aですね。コードに沿って、フォークソングのように歌えばOKです。あ、あと、オープンコードのGがたくさん出てくるんだけど、2弦の3フレットを押さえるクセがあるんですよ、僕。Cの"add9"を使うときに2弦の3フレットを押えるんだけど、Cの"add9"からGにいくとき、2弦の3フレットをそのまま押さえてるんですよね。これもテンション・コードを守ってくれないと、歌いづらいです」

真鍋「第2期ピロウズから第3期ピロウズの分かれ目にあたる曲ですね。ギターがコードバッキングしてるところがほとんどなくて、全編を通してフレーズを弾いてます。ギタリストとしてはとても忙しい曲で、難易度はBですね。ただ、速く弾いてる部分はないので、丁寧に音を拾っていけば、必ず弾けるようになると思います。音はブルースドライバーが基本です。ギター・ソロは、ピロウズにしては長いんですけど、そんなに難しくないです。ただ、高い音から低い音まで使ってるから、ポジショニングが大変かも。これを目をつぶってでも弾けるようになれば、気持ち良くやれると思いますよ」

鈴木「僕は基本的にピック弾きなんだけど、この曲をライブでやるときは、指で弾いてます。そのほうが曲のムードに合ってると思うので。あと、"ハネてる"ってことを意識してください。"ハネる"って最初は何のことかわからなくても一昔は僕もそうでした。"わかった、こういうことか。気持ちいい！"っていう瞬間が訪れるんじゃないかなって思います」

佐藤「…ドラムはあんまりコピーして楽しい曲じゃないと思うけどね、これ（笑）。もしやるとしたら、ドラムの人は、自分の前でジョン・レノンが歌ってるような気分でやってください。この曲を作ったときの山中のリクエストが、そうだったんですよ。多分、『MOTHER』とかの雰囲気と似てるんじゃないかなあ」

ハイブリッド レインボウ

山中「これはまず、『BUSTERS ON THE PLANET』のDVDを見てください。"1週間でマスターできる、ハイブリッドレインボウ講座"っていうのが入ってますから（笑）。それはおいといて、この曲では僕のギターもかなり変わったことをしてます。まず基本のリフで、Gのコードは5弦を人差指でミュートして、3・4・6弦を鳴らします。これが出来ないと、この曲の気分にならないんですよね…。音色としてはピックアップはフロントで、チューブドライブを使う。で、サビでBOSSのブルースドライバーを踏みます。ちなみにCDでは、すべての弦をバラバラに録ってるんですよね。ピッキングのタイムラグがなくて、かなり不思議な感じになってます」

真鍋「音的にはクランチ。クリアなところはブルースドライバー、サビは定番のビッグ・マフです。サビでファズを踏むときにもっともアドレナリンが出る曲ですね。

メインのリフは難易度C。これは難しいです。まず、指を大きく広げないと押さえられないポジションなんですよ。途中のAメロの部分でも、開放弦を絡めたハイ・ポジションのアルペジオがあったり、いろんなところでギターの響きを活かしたフレーズが出てきますね。

ギター・ソロはオクターブのメロディーを高速ピッキングで。これも難易度C。これは僕のギター・ソロの一つのスタイルになってるので、ぜひぜひチャレンジしてみてください。慣れないと途中でガス欠みたいになっちゃうから、ペース配分を考えて」

山中「それについては僕からもアドバイスが。高速ピッキングをやるときにものすごく重要なのが、ピックの選び方。THE

PREDATORSのときにわかったんだけど、やわらいかいピックのほうが弾きやすいんですよ。普段ハードを使ってる人だったら、ミディアムにしたほうがいいかも。ちなみにボクは普段ハードで、真鍋君はミディアムのピックを使ってます」

鈴木「ギターもドラムもサビで"ガーン"といってるから、ベースも"ガーン"といっちゃってください。この曲に関しては、サビだけで歪みを踏んで、あとは外してます」

佐藤「ドラムが"ガーン"といくためには、Aメロとかを6ぐらいの力で叩いて、サビで10にするといいと思います。最初から10でやっちゃうと、あとがキツイので。エフェクターとかないですからね、ドラムには。あとはDVDを見ること。完璧に教えてますから（笑）」

LITTLE BUSTERS

山中「僕のギターに関しては、何もないですね。コードに沿って弾いてるだけで、テンション・コードもないし。難易度A。やりやすいです。これは全員が歌わなくちゃいけないので、複雑なことをやってる場合じゃないんですよ」

真鍋「ライブ感のあるコード・ストロークをすれば、曲が成り立ちます。私のギターも難易度はAですね。音色はオーバードライブさせたクランチ音で最後までいけるはず。ソロには2音同時に出すちょっと難しいフレーズもあるんだけど、ロックンロールのノリを意識してれば、ライブでもやりやすいのでは」

鈴木「ベースも特にないです。コーラスしてみよう！ってことで」

佐藤「ドラムも同じ。ポール・クックでいいと思いますよ（笑）。歌うっていう意味では、ドン・ヘンリーかもしれないけど」

真鍋「参考にならないよ（笑）」

佐藤「普段、ドラムの人は歌うチャンスがないと思うので、この曲では思い切り歌ってください！」

インスタント ミュージック

山中「CDではいろいろとトリッキーなことをやってます。弦をバラバラに録ったり、歌メロとユニゾンしてるギターを加えたり。だいたい、1音下げの変則チューニングだからね。CDと合わせて弾きたい場合は、ちょっとめんどうかも。ライブでは、真鍋君がメインのバッキング、僕はアルペジオっていう分担。『ハイブリッド レインボウ』もそうなんだけど、強弱が重要な曲だと思います。Aメロでは"グッ"と抑えて、サビ前のリフから"ガツン"といく。エフェクターだけじゃなくて、気分も上げてください」

真鍋「強弱をしっかり付ければ、曲のアウトラインは作れると思います。ギターの音色はクリーン系のクランチ、サビでファズを踏むっていうパターン。ライブでは難しいことはしてないので、難易度はAですね。ソロも簡単だし、ライブ向きだと思います」

山中「あ、ひとつ付け足し。メイン・フレーズのアルペジオなんだけど、ライブではチューブドライブにオーバードライブを重ねて、さらにイコライザーで音を上げてるんですよ。4・5・6弦の音がきれいにヌケるように真鍋君にセッティングしてもらってて。ほんのちょっと上げてるだけなんだけど…。機材ページを見て、セッティングを研究してみてください」

鈴木「ストレートにロックのテイストが出てる曲だから、"楽しく、ガツンとやっちゃえ！"って感じです。ちなみに僕は、この曲ではじめて（ピロウズの）セッションに参加しました」

佐藤「えーと、レコーディングではいろいろやってるけど、"ライブはインスタントな感じだぞ"ってことですね（笑）。『LITTLE BUSTERS』と並んでコピーしやすい曲だと思います」

Funny Bunny

山中「ピックアップはフロントで、エフェクターはチューブドライブです。これもほとんど何にもしてませんね。難易度はA。普通にコードに沿ってやれば良いのではないでしょうか。弾き語りでも決まる曲だと思います」

真鍋「音色はクリーン系のクランチで全編いけます。僕も難しいことはしてないんだけど、リフがちょっと複雑なんですよ。4弦の開放を鳴らしつつ、2弦・3弦を鳴らしてたり…。難易度はAからBに入りかけ、ってところですね。あとはメロディーに絡めたアルペジオをクリアすれば、サビのコードバッキングが待ってます。ギター・ソロに関しては、CDではモジュレーション系のエフェクトを使ってます。ライブではストレートに歪みを強くした音でやってください。これもライブ向きなので、ぜひやってみて欲しいです」

鈴木「ベースのフレーズはシンプル。まあ、いい曲を気持ち良くやるってことですね」

佐藤「ドラムはねぇ、譜面を見たら恐ろしく単純だと思うかもしれないけど、えらい難しいんだよね、これって。みんなは簡単とか言ってるけど、ドラマーからしてみれば"ふざけんな"って感じ（笑）。これはねぇ、ポール・クックには出来ねぇな（笑）。クラッシュのトッパー・ヒードンのドラムを聴いてください。あと、エルレガーデンのバージョン（トリビュート・アルバム『SYNCHRONIZED ROCKERS』に収録）のほうがもっと盛り上がると思う（笑）」

カーニバル

山中「これはとっても変わったことをやってますね。まず、メイン・リフは僕のギターなんだけど、AとGを行ったり来たりするスライドが意外と難しい。歌いながらやるんだけど、かなり大変だと思うよ。ライブではリアのハムバッキングでやってます。エフェクターはクラシック・ディストーション。Aメロとかではチューブドライブでセッティングしておいて、歌詞でいうと"待ってたんだ"のところからクラシック・ディストーションを踏んでます。難易度はBくらいかな。でも、ピロウらしさがすごく出てる曲なので、ぜひやって欲しいです」

真鍋「この曲はたぶん、ムスタングを初めて使ったんじゃないかな。ムスタングらしい音になってると思いますね。パワー感はないんだけど、エフェクターの乗りが良くて。基本的にはクランチとサビのファズっていうパターンなんですけど、フレーズが結構ややこしいかも。Aメロは変拍子のシークエンス。ソロは前半のフレーズを後半でオクターブ・アップしてる感じです。身体に覚えさせてしまえば楽しめると思うんだけど、そこまでには時間がかかるかもね。コーラスもあるし、とにかくやることが多いんですよ」

鈴木「ベースはすっごい簡単です。シンプルなルート弾きが基本で、ドラムといっしょにストレートにロックをやるっていう。部屋で練習するには向かないですね、地味すぎて」

佐藤「ドラムもシンプルですね。リズムキープが難しいかもしれないけど、どうやったらリズム・キープ出来るようになるかは……よくわかりません（笑）。とにかく、がんばる」

Ride on shooting star

山中「メインの真鍋君の"おもしろフレーズ"に対して、僕の返しのフレーズを弾いてます」

真鍋「ライブでポジションを間違えないようにしてください」

山中「そう、最初のメイン・リフのところでジャンプのパフォーマンスがあるんですけど。そっちを意識し過ぎてよく半音くらいズレるんですよ（笑）。ライブが終わった後で真鍋君に"今日もズレてたよ"って言われて…そんな話は別にいいか。僕のフレーズに関しては、4・5・6弦の音色に注意してください。クリア過ぎず、歪み過ぎず、ヌケのいい音を作りましょう。あ、あと、曲を始めるときはテンションの高いタイトルコールを忘れずに（笑）」

真鍋「僕のリフは、普通に弾こうと思ったら、もっと楽なポジションがあるんですよ。でも、スライドしてる感じを出したくて、ちょっと変わったポジションで弾いてるんです。たまたま楽器屋さんで男の子がこの曲を弾いてるところを見たことがあるんですけど、間違ってるんですよね（笑）。音は合ってるんだけど、弾きやすい簡単なポジションでやってる。音さえ合ってればいいということではなくて、ニュアンスもコピーするのが大事。この曲のリフはぜひ、正しいポジションで覚えてください。逆にいうと、リフさえコピーしてくれたら、あとは楽勝。音色についてもリフはディストーション、サビはファズっていう、おなじみのパターンなので」

鈴木「2番でスタッカートしてるところがあるので、しっかりミュートしましょうって感じです。最初は練習が必要かもしれないですね。あとはシンプルです。基本的にシンプルなんです、僕のやってることは（笑）」

佐藤「すごく盛り上がるわりには疲れないから、ドラマーにおススメですよ。こういう曲ばっかりだったら、すごいラクなんだけど（笑）」

この世の果てまで

山中「6/8拍子の歌モノにしては、ギターがけっこう歪んでますよね。音はハムバッキングにライン6のクラシック・ディストーションを使ってます。ライブでは6/8拍子を意識するってよりも、エイトっぽく弾いてますね。ストレートなロックのプレイになっているのが特徴です。難易度はAだけど、7フレットのバレー・コードのBからオープンのEにいくところはちょっと難しいかも」

真鍋「パワー感のあるディストーション・サウンドをベースにして、サビでファズを絡めるというサウンド構成。基本的にエイトでバッキングしてるので、そのノリを楽しめればいいんじゃないですかね。サビでオクターブ奏法のメロディーを絡めてます。とりたてて難しいことはしてないんで、難易度はAです。ソロでは珍しくワウを使ってますね。高速ピッキングをしつつ、ワウを開けたり閉めたりしてるから、ここは難易度Bかな。」

鈴木「ベースはわりと弾いてますね。エイト・ビートの中にフレーズを絡める感じで。まあ、かなり手癖っぽいんですけどね。音色は少し歪ませてます。あとは勢いでやっていいんじゃないかな、と」

山中「ギターがシンプルになるとベースが歌ってるっていう…」

鈴木「そういうバランスですね」

佐藤「オールディーズの名曲をパンクバンドがコピーしてるような気分でやればいいんじゃないかな」

山中「ほんとにあるからね『この世の果てまで』っていうオールディーズの曲。それをものすごく意識してこのタイトルにしたので。あと、これもテンション高めのタイトルコールをお願いします」

バビロン 天使の詩

山中「CDではギターを弾いてないんですよ。この曲が入ってる『Thank you, my twilight』っていうアルバムは、ハイファイ・サウンドがテーマだったんです。普段は僕と真鍋君がギターを弾いてて、その微妙なズレが気持ちいい、ってところでやってるんだけど、このときは同じ人間がギターを弾くことで、"ビシッ"と合ったギター・サウンドが欲しかったんだよね。

ライブでは、曲順によって音も微妙に変わってます。前後の曲の都合によって、ピックアップが"フロントでオーバードライブ"ってときと"ハムバッキングでディストーション"ってときがあって。フレーズのことで言えば、このリフを弾きながら歌うのは難しいかもしれないです。そういう意味では難易度Cですね」

真鍋「今、山中が言ったように、リフが難しいんですよ。ただ弾くのは簡単かもしれないけど、ノリを感じさせつつ弾くのは個人的にもかなり難しい。シンプルに聞こえるんだけど、難易度はCかな。でも、すごくカッコいい曲だから、ぜひチャレンジして欲しいですね。基本的にはムスタングにディストーションをかけてやってます。ギター・ソロはモジュレーションをかけたディレイを使ってCDのバージョンの世界観を表現してますが、やはり、キモになるのはリフです」

鈴木「ギターのリフの合間を縫うようなフレーズが特徴。個人的にはすごく好きなベース・ラインですね。1フレットから5フレットまでを16分でスライドするっていうのもあるので、完璧にコピーするのは難しいかも。あとはサビで"ガツン"といくこと。真ん中あたりにベースだけになるところがあるんですけど、そこは緊張しないように（笑）」

佐藤「この曲は構成が難しいんだよね。1番と2番と3番のサビの終わりが全部違ってたり。そこは注意が必要です」

ターミナル・ヘヴンズ・ロック

山中「これも音作りが重要かなあ。いい感じの歪みが必要ですね。歪み過ぎず、クリア過ぎず。フレーズ的には、アタマのイントロが難しいと思う。"♯9th"と"9th"の繰り返しなんだけど、そこさえ決めてもらえれば、あとは簡単かな。これ、ピロウズには珍しいオーソドックスなロックンロールのリフなんですよ。"sus4"が絡んでくるような」

真鍋「リフで押し切る曲ですね。イントロ、Aメロのリフでノリを出せれば、基本的には難しいことをやってないので、楽しくやれると思いますよ。アタマから最後までファズだから、足元もラクだしね。あ、でも、ギター・ソロはちょっと難しいかな。ロックンロールテイストを私なりに解釈してるフレーズなんですけどね。まあ、速いところはないから、大丈夫でしょう。ライブ向きだと思うので、ぜひぜひチャレンジしていただきたい」

鈴木「ベーシストはきっとやりたいと思いますよ。レコーディングはノーマルな音で弾いてますが、ライブでは歪ませてます。ファズはビッグ・マフだけど、それだけだと、音の輪郭がボヤけちゃうんですよ。そのためにコンプ的な意味合いでSANS AMPを使ってます。ファズを単体で使うのは難しいんですよね。その人の弾き方、アンプとの兼ね合いもあるし。いろいろ試してみてください」

佐藤「イントロは確かに難しいよね。イントロは省略してやれば？」

山中「（笑）でも、あれがあってこそのタイトルコールなんだよね」

佐藤「そこは練習するってことで」

山中「あと、コーラスは絶対必要。やったほうが楽しいと思います」

その未来は今

山中「ダウン・ピッキングで弾いてるんですけど、これがけっこう速い。あとはサビ前のGのオーギュメント（G(+5)）が難しいかな。僕も今だに苦手です」

真鍋「ピックアップにJBをのせたムスタングで弾いてます。ノーマルのムスタングよりもパワー感のあるサウンドで、そのままの歪みで最後までいけると思います。フレーズはすごく難しくて、間違いなく難易度Cですね。サビ以外はずっとフレーズを弾いてるんですけど、それが難しいポジションなんですよ。テンポも速いしね。

ギター・ソロに関しても、1本の弦で上に行ったり下に行ったりしてるから、かなり大変。僕もライブのときは、結構シリアスに弾いてしまいますね。だからといって、ノリを忘れては成り立たないので…」

鈴木「バンドでやるには難しいテンポ感なんだと思います。ドラムとベースはズレやすいし、ハシりがちなので注意。僕も全部ダウン（ピッキング）で弾いてます。12フレットあたりの高い位置のフレーズも出てくるので、勢いがなくならないように弾いてください」

佐藤「BPM170くらいのテンポかな。まあ、"がんばれ！"ってことですね。俺らより速く演奏して、度肝を抜いてくれ！」

WALKIN' ON THE SPIRAL

山中「メインのリフがちょっとややこしいかなぁ。二つ目のコードで5弦をミュートしてたり…。歌いながら弾くってことを考えたら、難易度はCだと思います。ライブではハムバッキングにディストーションでやってます。濁りやすいコードなので、音作りはちゃんとやって欲しいですね。クリーン過ぎるとこの曲の雰囲気にならないし、歪み過ぎると（ボーカルの）音程が取りづらくなるので」

真鍋「2本のギターのコントラストのおもしろさを感じてもらえる曲だと思います。僕のパートはシンプルなんだけど、2番のAメロにフレーズが入ってたり、コピーしがいのある曲じゃないかな。JBのムスタングとディストーションで音作りしてます」

鈴木「派手で楽しい曲だから、ストイックにやり過ぎるとつまらない。思い切って"ドーン"とやったほうがいいと思いますよ。遊び心を交えながら自分なりにアレンジしてもいいんじゃないかな、と」

佐藤「ピロウズの曲はフロア・タムを使うことが多いんだけど、この曲はまさにそれ。ピロウズの特徴が出てる曲だと思いますよ。なぜフロア・タムが多いかというと……山中が好きだから」

山中「大好きです！」

サード アイ

山中「これもハムバッキングにディストーションでやってます。ボーカル＆ギターとしては難易度C。間奏で真鍋君とのハモりのフレーズもあるし、ソロの終わりで動いている4小節は僕が弾いてるので、そこは音抜けするようにイコライザーを踏んでます。サビはオープン・コードの"sus4"が入ってるんだけど、それはメロディーをフォローするためのものだから、しっかり押さえてください。間奏の入りからもちょっと複雑かもGmaj7のポジションやDadd9→Dmaj7(9)で6弦のA音を押さえるところは忠実にやってください。そうしないとこの曲は成り立ちませんから」

真鍋「この曲は確か、ジャグマスターを使ってると思います。

基本はハムバッキングですね。ずっと繰り返しているフレーズは、ギターを始めて1年以内の人でも弾けるような簡単なもの。だけどすごくカッコいいと思うので、ぜひやってみてください。ハードルが高いのは、サビのコードで、ハイ・ポジションになるGmaj7ですね。これさえしっかり押さえられれば、この曲はすぐライブで出来るようになると思います。ギター・ソロも、難しく聞こえるかもしれないけど、実はシンプル。足元も忙しくないですし、コピーにはオススメの曲ですね」

鈴木「ベースもシンプルです。"ザ・ベース"って感じでストイックにやったほうが、きれいにハマると思います」

佐藤「ドラムもストイックかな。最後のサビで"くって、くって、くう（シンコペーション）"みたいなところがありますが、そこは過食症になるくらいに"くって"ください（笑）」

MY FOOT

山中「ピックアップはフロントのシングルです。エフェクターはオーバードライブで。これも難易度Cかな。イントロはまずドラムが入って、次にベースが入って、最後に僕のアルペジオが入ってくるんだけど、それがいきなり難しい。ポジショニングも大変だし、細かいミュートも必要です。足元も忙しいし…。あと、ギター・ソロもツイン・リード・ギターだしね。ソロのところは、歪みじゃなくて、イコライザーで音量を上げたほうがいいと思います」

真鍋「僕のパートもすごく忙しくて、ダントツの難易度Cですね。イントロのアルペジオも難しいし、音色のチェンジもかなりあるし。ギター・ソロはそれほど難しくないです。2本のギターが寄り添ったり離れたりしながら、同時にソロを取る。そのおもしろさは、コピーすることでさらにわかってくるんじゃないかな」

鈴木「ベースはファズで歪ませてます。フィルも多いし、ベーシストとしては聞かせどころ満載の曲だと思います」

佐藤「ドラムはまあ、普通です。ポール・クックの気分で（笑）」

Swanky Street

■from 5th. album「Please Mr.Lostman」

作詞・作曲：山中さわお

誰の記憶にも残らない程
鮮やかに消えてしまうのも悪くない
孤独を理解し始めてる
僕らにふさわしい道を選びたい

どこまで来ても 本当の敵が
自分の中に隠れて育ち続けているんだ

僕らは間違いながら
何度も傷ついたけど
信号が何色でも
ブレーキなんて踏まない
壊れてもいいんだ

水溜まりに映る夕日は
オレンジで悲し気で少し暖かい
僕ら何も言わないけれど
同じ事を感じてるって知ってる

キミはトモダチ いつでもすぐに
僕の気分を見抜いてくれるよね 魔法みたいだ

僕らは間違いながら
何度も傷ついたけど
信号が何色でも
ブレーキなんて踏まない
壊れてもいいんだ スピードを上げてよ
壊れてもいいんだ 僕らが全部憶えてる
壊れてもいいんだ

21

27

34

ストレンジ カメレオン

■from 5th. album「Please Mr.Lostman」

作詞・作曲：山中さわお

I wanna be your gentleman
変われる場所を探しに行こうか 誰かみたいに
I wanna be your gentleman
隠れる森を目指してみようか 痛くないように

汚れた川を汚れた僕と泳ぐ
君はとっても キレイだった
浮き沈みしながら 向こう岸へ辿り着いた後を
考えてる 今でも ずっと

君といるのが好きで あとは ほとんど嫌いで
まわりの色に馴染まない 出来損ないのカメレオン
優しい歌を唄いたい 拍手は一人分でいいのさ
それは君の事だよ

I wanna be your gentleman
上手くちぎれてくれない 尻尾はトゲトゲで
I wanna be your gentleman
引っかき傷は癒えないのさ 治らないんだ

'たぶん もうすぐさ きっと' なんて息を止めたまま
どうでもいい行列に 並んでもみた
'終わらないプレリュード奏でて生きてゆくみたいだね' って
僕ら笑う 死んでるように

たとえ世界はデタラメで タネも仕掛けもあって
生まれたままの色じゃ もうダメって気づいても
逆立ちしても変わらない 滅びる覚悟はできてるのさ
僕はStrange Chameleon

勘違いしないでね 別に悲しくはないのさ
抱き合わせなんだろう 孤独と自由はいつも

もしも全てが嘘で ただ つじつま合わせで
いつか慣ついていた猫は お腹すかしていただけで
すぐにパチンと音がして 弾けてしまう幻でも
手の平が まだ暖かい

恐いモノ知らずで 時代は はしゃぎまわり
僕と君のすごした ページは破り去られ
歴史には価値のない 化石の一つになるのさ
君と出会えて良かったな
Bye Bye僕はStrange Chameleon

〔Keyboard Part : See P.48〕

35

37

40

41

43

ストレンジカメレオン〈Keyboard Part〉

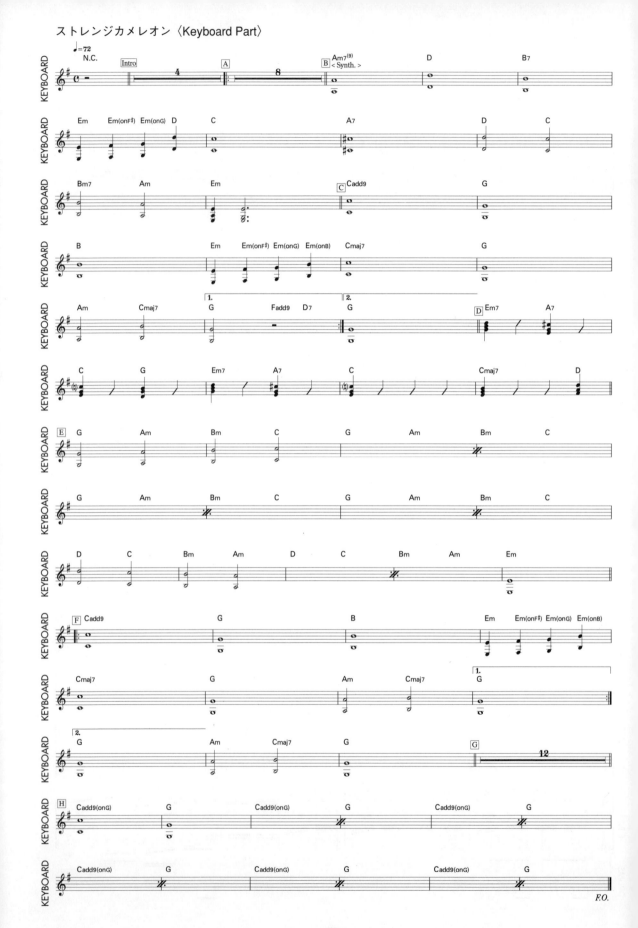

ハイブリッド レインボウ

■from 6th. album「LITTLE BUSTERS」

作詞・作曲：山中さわお

ほとんど沈んでるみたいな無人島
地球儀にのってない 名前もない
昨日は近くまで 希望の船が来たけど
僕らを迎えに来たんじゃない

太陽に見惚れて少しこげた
プリズムをはさんで 手を振ったけど

Can you feel?
Can you feel that hybrid rainbow?
昨日まで選ばれなかった僕らでも
明日を待ってる

ほとんどしぼんでる僕らの飛行船
地面をスレスレに浮かんでる

呼び方もとまどう色の姿
鳥達に容赦なくつつかれるだろう

Can you feel?
Can you feel that hybrid rainbow?
きっとまだ
限界なんてこんなもんじゃない
こんなんじゃない

Can you feel?
Can you feel that hybrid rainbow?
ここは途中なんだって信じたい
I Can feel.
I Can feel that hybrid rainbow.
昨日まで選ばれなかった僕らでも
明日を持ってる

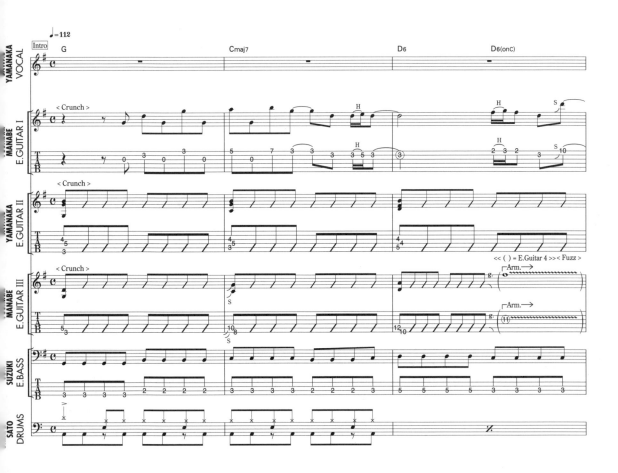

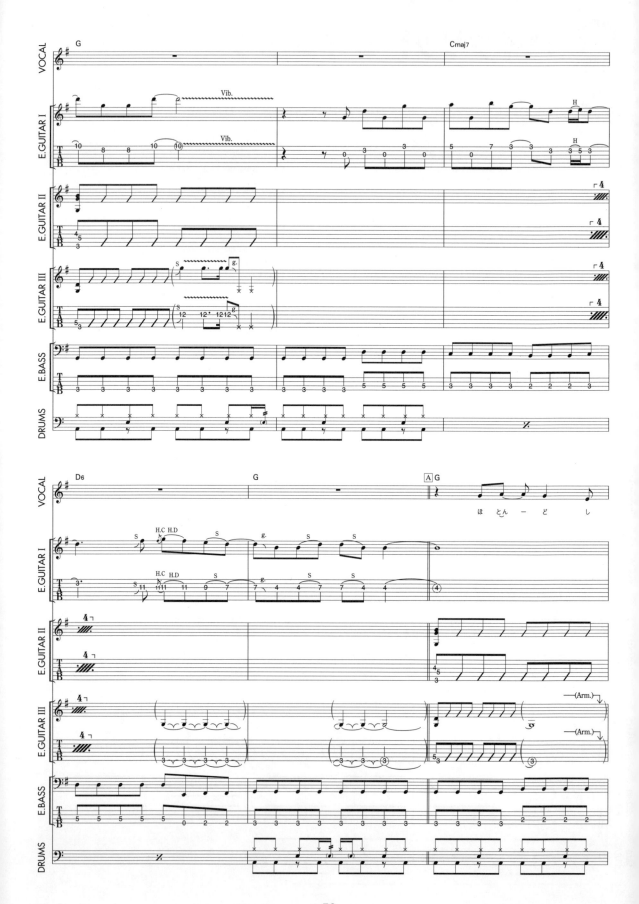

LITTLE BUSTERS

■from 6th. album「LITTLE BUSTERS」

作詞・作曲：山中さわお

With the kids sing out the future
Maybe,kids don't need the masters
Just waiting for the little Busters

色あせないキッドナップミュージック
手と手が知っている
同じドアをノックしたい
この声が聞こえたら飛び出して

With the kids sing out the future
Maybe,kids don't need the masters
Just waiting for the little Busters

With the kids sing out the future
Maybe,kids don't need the masters
Just waiting for the little Busters

はずれやすいティーンエイジ・ギア
転がる日々も
空と海と大地はただ あるがまま
いつまでも逃げないぜ

With the kids sing out the future
Maybe,kids don't need the masters
Just waiting for the little Busters

65

Bus - ters   oh   yeah

69

インスタント ミュージック

■from 7th. album 「RUNNERS HIGH」

作詞・作曲：山中さわお

マニュアル・ライフのアニマル
アヴェレージこそがハッピー
ポリシーははがれ落ちてもOK

ノーダメージなイメージ
カロリーオフならハッピー
ココロの栄養失調はOK

インスタントミュージック
世界中に溢れ
子供達は溺れてる
ダイエットミュージック
ほら 夢中になって
くたばっちまえよ

マニュアル・ライフのアニマル
ナビゲートされてハッピー
カウンセラーのささやきはOK

レンタルのセンチメンタル
ストレスゼロならハッピー
アタマのパイプカットならOK

インスタントミュージック
世界中に溢れ
子供達は溺れてる
ダイエットミュージック
ほら 夢中になって
くたばっちまえよ

インスタントミュージック
世界中に溢れ
大人達は太ってる
レジスタントミュージック
さあ 耳をふさげ
くたばっちまえよ

74

うー　　　になって　　　　　　　　　　　　くたばっちまえ

よ

79

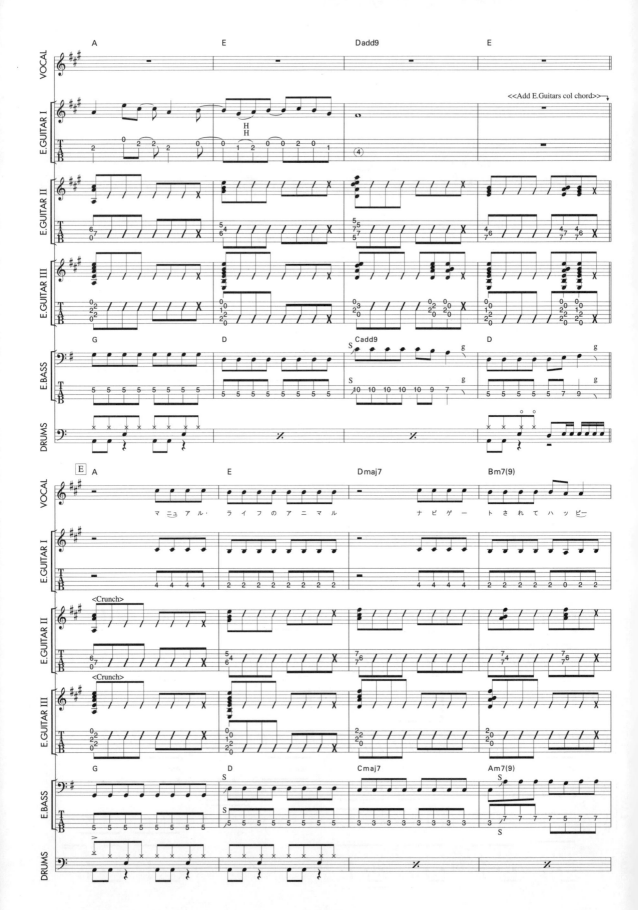

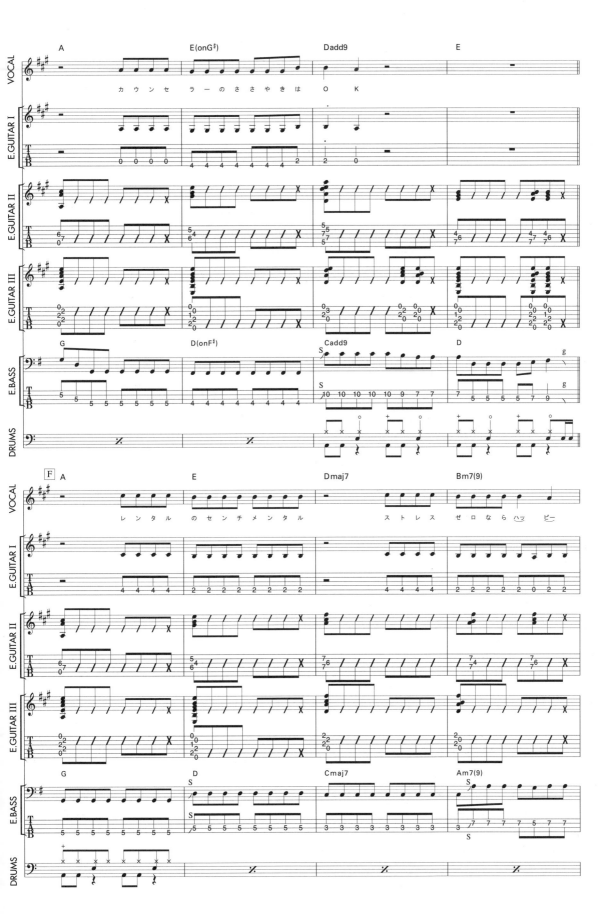

くたばっちまえ よ

84

87

Funny Bunny

■ from 8th. album「HAPPY BIVOUAC」

作詞・作曲：山中さわお
©1999 by SEVEN SEAS MUSIC CO.,LTD. & BAD MUSIC GROUP PUBLISHING

王様の声に逆らって
ばれちゃった夜キミは笑っていた
オーロラにさわれる丘の上
両手をのばして僕を誘っていた

ほどけてバラバラになったビーズ
キレイだねって夜空にプレゼント

道化師は素顔を見せないで
冗談みたいにある日居なくなった

世界は今日も簡単そうにまわる
そのスピードで涙も乾くけど

キミの夢が叶うのは
誰かのおかげじゃないぜ
風の強い日を選んで
走ってきた

今頃どこでどうしてるのかな
目に浮かぶ照れた後ろ姿に
会いたいな

キミの夢が叶うのは
誰かのおかげじゃないぜ
風の強い日を選んで
走ってきた

飛べなくても不安じゃない
地面は続いているんだ
好きな場所へ行こう
キミなら それが出来る

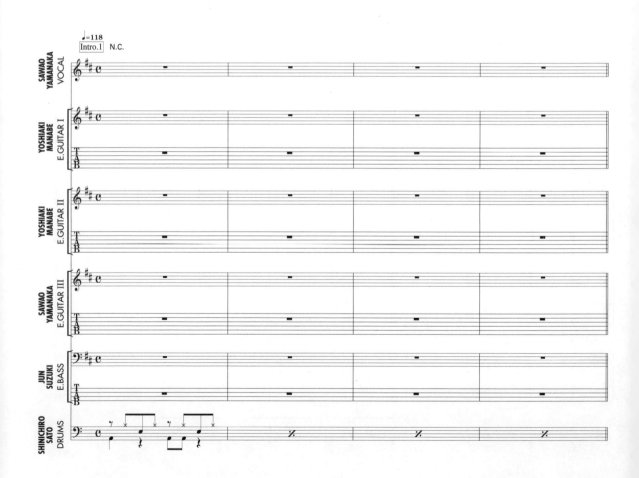

Carnival

カーニバル

■from 8th. album「HAPPY BIVOUAC」

作詞・作曲：山中さわお

観覧車に独りで暮らしてる
大嫌いな世界を見下ろして

待ってたんだ キミと出会う日を
かしこまった日射しに こげながら
僕だけの窓を開いて
待ってたんだ ここでこうなる日を

手をのばしても
報われない時代
救われない未来
キミとキスして笑いころげる

去っていった連中の足跡に
効き目のない呪文で祝福を
軽くなった頭でうたいたい
たった一人 キミは僕の味方

目を開けてたら
つきささって痛い
風の尖った夜
キミとキスして笑いころげる

二人同時に
夢で見たのさ
生まれ変わった時代
虹のかかった未来
キミとキスして泣いてしまった

待ってたんだ キミと出会う日を

102

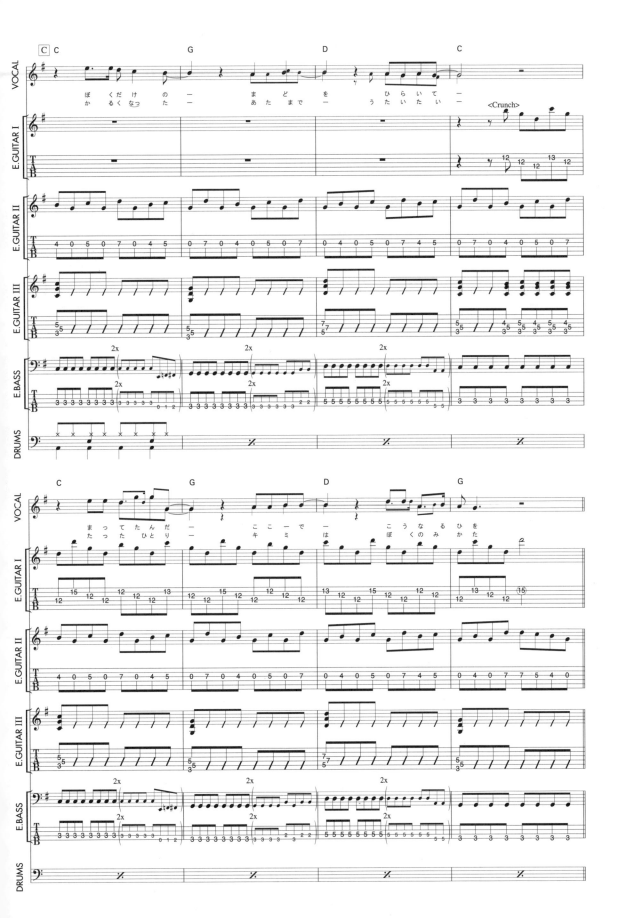

106

108

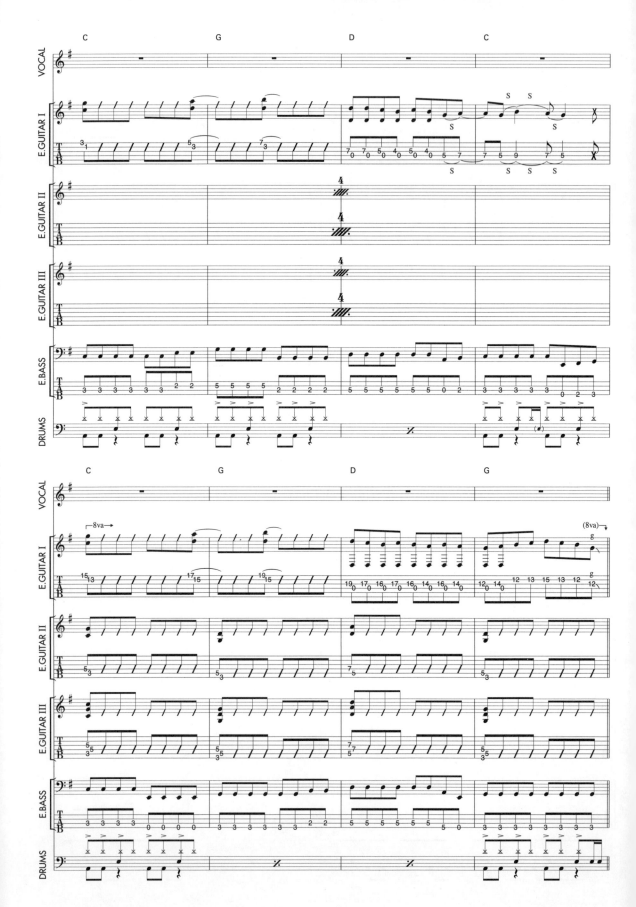

まってたんだー　キミーとー　であうひを

Ride on shooting star

■from best album「Fool on the planet」

作詞・作曲：山中さわお

オレンジのスライド映す空
スポンジのプライドぶらさげて

スパイダー
生け捕ったその予感は
隠さなくたっていいんだ
色のついた夢見たいな

Ride on shooting star
心の声で散弾銃のように
唄い続けた

グランジのハムスター大人びて
リベンジのロブスター引き連れて

スナイパー
ふちどったその世界に
何が見えるって言うんだ
狙う前に触りたいな

Ride on shooting star
キミを探して禁断症状中
嘘をついた

Ride on shooting star
心の声で散弾銃のように
唄い続けた

119

リベ ー ジのロブ スター　　　ひきつ ー れて スナイ

Ride on shoot - ing star_____ こ

た

120

ah   ah_____ yeah

この世の果てまで

■from 9th. album「Smile」

作詞・作曲：山中さわお

© 2001 by SEVEN SEAS MUSIC CO.,LTD. & BAD MUSIC GROUP PUBLISHING

聴こえてくるのはキミの声
それ以外はいらなくなってた
溢れる涙はそのままでいいんだ
もしも笑われても

行こう
昨日までのキミを
苦しめたもの全て
この世の果てまで
投げ捨てに行こう

街のルールに汚されない
今日も奴ら ロボットみたいだ
'無駄な日' なんてあり得ない
そうだろ はしゃいで息が切れても

行こう
今 空に高く
この声は突き抜けて
会えない夜も
キミにうたうよ

行こう
昨日までの二人を
苦しめたもの全て
この世の果てまで
投げ捨てに行こう

聴こえてくるのはキミの声
それ以外はいらなくなってた

my babe 行こう

※楽曲解説では6／8拍子と言っていますが、譜面の都合上12／8拍子で表記しています。

125

126

128

Repeat & F.O.

バビロン 天使の詩

■from 10th. album「Thank you, my twilight」

作詞・作曲：山中さわお

ハンドルもブレーキも
壊したキミを見て
パラシュート外したら
叩きつけられたのさ

見なよ これが僕の翼なんだ
まだマトモには飛べなくて
昨日バベルの塔に近づきすぎた

今日も探してるんだ
僕にもっと似合うシンプルスカイ
風と君を呼んで
ここじゃない世界へ逃げよう

指差した星にさえ
罠を仕掛けてる
一秒も気を抜けない
無法の荒野を行く

僕の姿ちゃんと見えるのは
もうキミだけしかいなくて
だから本当の顔でうたうよ
Hello

キレイな夢を見たんだ
混ざりたくて今も奮闘中
キミがこぼした愛は
僕に全部染み込むのさ

煙のような街で眠って
喉が乾いてるだけじゃないさ
'終りだよ'って'あきらめな'って
僕には聞こえない
ただ風が騒いでじっとしてらんない

今日も探してるんだ
僕にもっと似合うシンプルスカイ
風と君を呼んで
ここじゃない世界へ逃げよう

雲が邪魔したって
怯まないぜ 吹きとばしてみせる
熱くて吐き出した愛も
いつかきっと飲み干せるさ

verses of angel

134

144

146

ターミナル・ヘヴンズ・ロック

■from 11th. album 「ペナルティーライフ」

作詞・作曲：山中さわお

©2003 by SEVEN SEAS MUSIC CO.,LTD. & BAD MUSIC GROUP PUBLISHING

アスピリン頬張るTVショー
ハイエナのコメンテーター
左で右で白くて黒いって
朝からマトモじゃないね
爆弾騒ぎ 犬は吠えてる
けど僕には関係ないぜ
乱れた宗教 見慣れた空虚
もっともっと悔い足りないんだ

だから
カーテンコールプリーズ
エンドロールフリーズ
まだ席を立っちゃもったいない

Hey！
Terminal heaven's rock！
満たされないモンスターに
口づけを

セキュリティー破りのピーピングゲーム
知りすぎたベビーシッター
ベッドで数えたヒットポイント
セカンド頼んでたっけ
自殺未遂 犬は逃げ出した
けど僕には関係ないぜ
星降るイースター 腰振るシスター
もっともっと喰い足りないんだ

そうさ
カーテンコールプリーズ
エンドロールフリーズ
もう帰るだなんてトンデモナイ

Hey！
Terminal heaven's rock！
救われないロッカーに
愛の手を

密売トラブル 犬は死んだって
けど僕には関係ないぜ
ジパングマフィア 自慢のマリア
Baby どっか連れ出したいな

だけど
カーテンコールプリーズ
エンドロールフリーズ
ひとり飽きたなんて言えそうもない

Hey！
Terminal heaven's rock！
加速していく人類に祝福を
Terminal heaven's rock！
死にそこねたロッカーに冥福を

159

160

161

その未来は今

■from 12th. album「GOOD DREAMS」

作詞・作曲：山中さわお

切り離されたロケット
このまま燃え尽きるって
神様さえ目をそらす
無重力でクロール
管制塔はクローズ
サヨナラ バイバイこれも自由

もうどれくらいたった
時間は無限じゃないぜ
平穏に付け狙われそう
一秒先の自分に
追いつき追いこしたいな
振り向いて何を話すだろう

待ってるだけじゃつまらなくて
僕らは走ってる 二度と戻れない道を
目を覚まして夢を知った
その未来は今

禁断の実を噛って
裸になった風景
夢はもう夢じゃない
熱が下がらなくて
苦い薬も飲んだ
今全部吐き出したい気分

立ってるだけじゃキマらなくて
僕らは踊ってる 何度も同じリズムで
汗をかいて生きてるんだ
その未来は今

待ってるだけじゃつまらなくて
僕らは走ってる 二度と戻れない道を
目を覚まして夢を知った
その未来は今

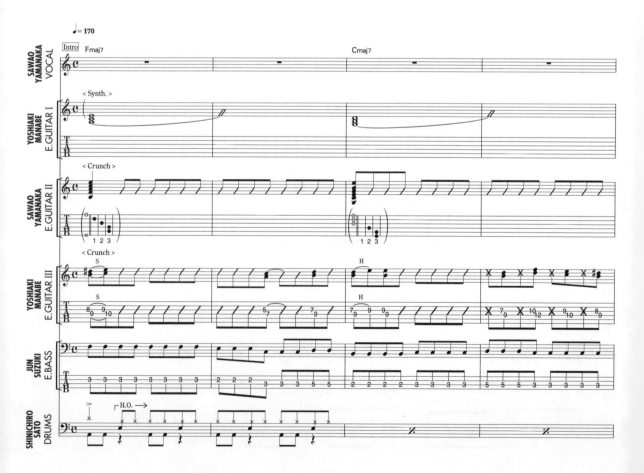

164

171

175

WALKIN' ON THE SPIRAL

■from 12th. album「GOOD DREAMS」

作詞・作曲：山中さわお

close your eyes
月をけとばして闇に息を潜めろ
悪夢を運ぶコウモリが飛んでる
僕の手を放すな

歪んでる世界がキミにはめた
ギブスに合わせて治す意味なんてない
回る景色の中を
walkin' on the spiral!

close your eyes
傷跡ばかり気にして立ち止まるなよ
見なくてもいい悪意と言う名の街
すぐに朽ち果てるぜ

枯れたはずの目に涙が出て
捨てたはずの歌聞こえてるんだろう
キミは生きているんだよ
walkin' on the spiral!

グルグル迷って同じ場所で
もがいてるだけのように感じているけれど
もう一度目を開ければ
太陽に近づいていた
walkin' on the spiral!
walkin' on the spiral!

wal - kin' on the spi - ral!

fu____fu____ fu____fu____ ah ha ha____

サード アイ

■from 13th. album「MY FOOT」

作詞・作曲：山中さわお
©2005 by SEVEN SEAS MUSIC CO.,LTD. & BAD MUSIC GROUP PUBLISHING

雨上がりのブルー
濡れた太陽 いつもの目眩
何にも持ってない
掌だけヒリヒリ痛い
熱を覚えた

明日が来ないような重い空が
捲れる瞬間をその目で見た

消えない幻 全てを奪った
姿を変えては又
僕を連れ出しに来るモンスター

墜落したミューズ
乾いた夢 無口な時代
飛び込んでみた海の底で
巨大な泡を見つけ隠れた

平凡なシーラカンス楽しんだけど
満ち足りてるって言えなくなった

消えない幻 全てを奪った
姿を変えては又
僕を連れ出しに来るモンスター

空席はいつだって僕らを待ってる
三番目の目が場所を知ってる

眩しい世界の扉が開いた
もう一度何かを始められそうなんだ

消えない幻 全てを奪った
姿を変えては又
僕を連れ出しに来るモンスター

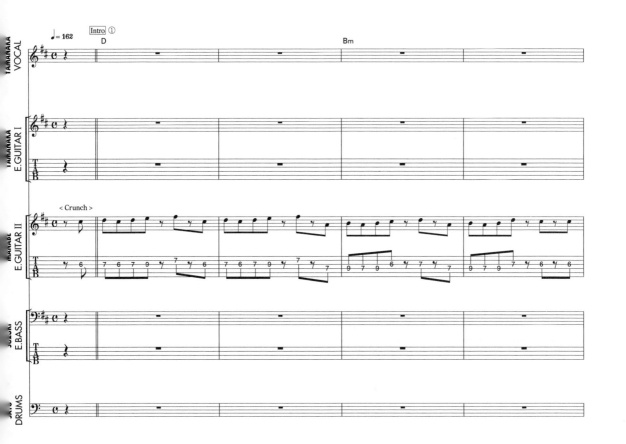

195

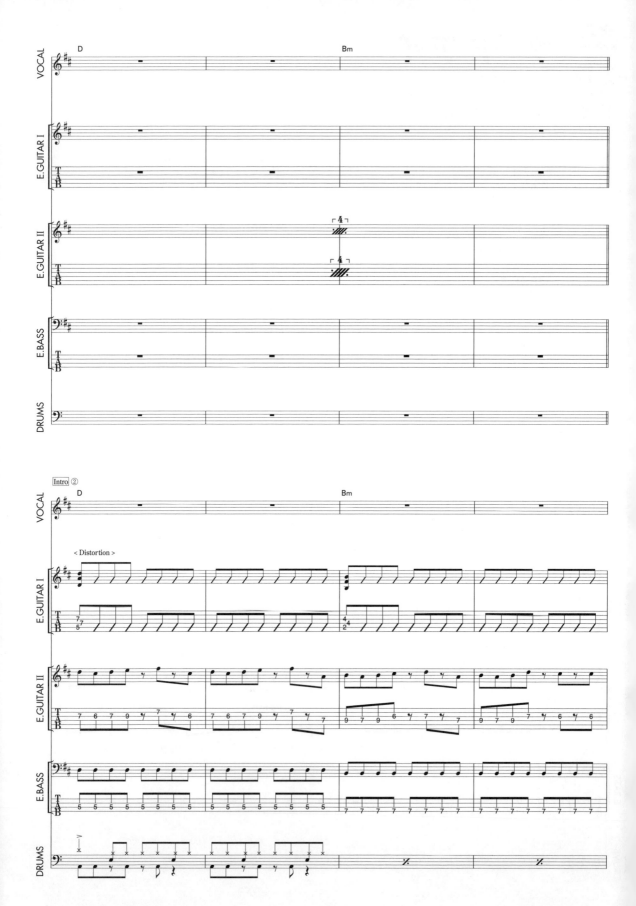

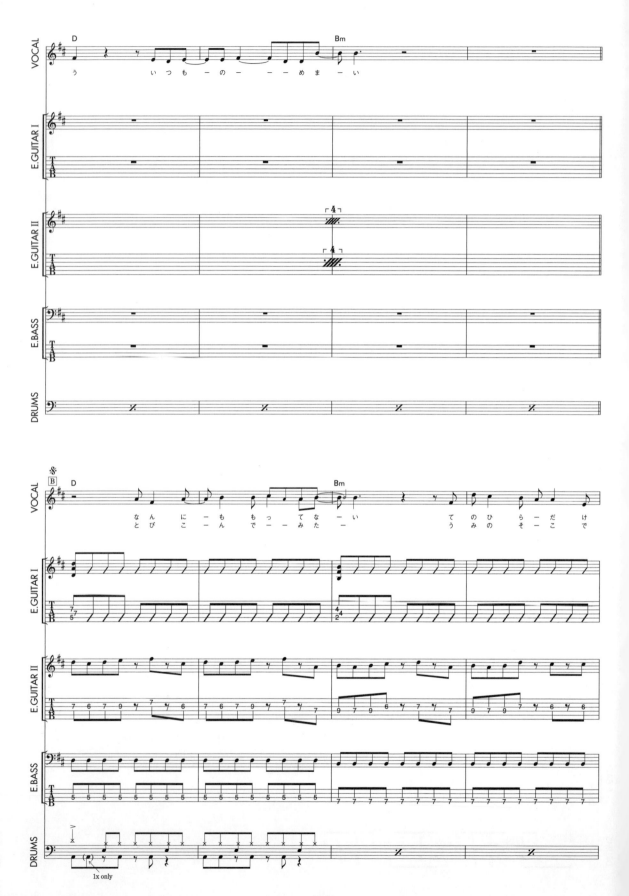

199

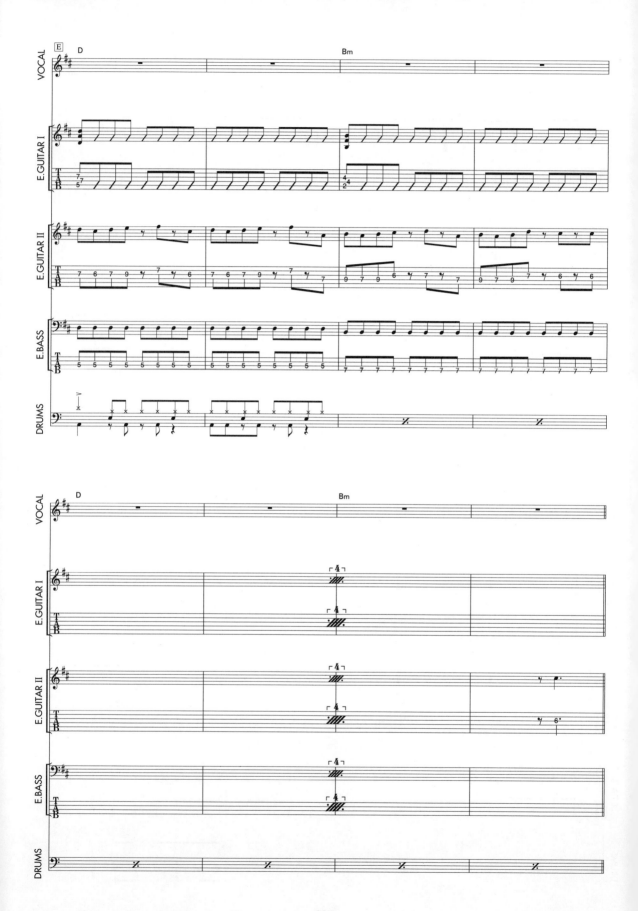

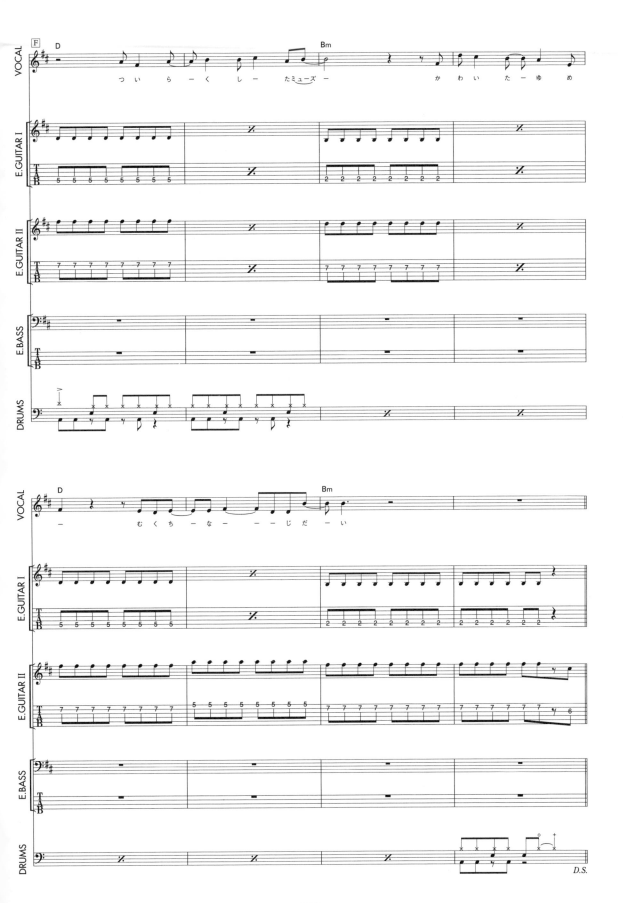

204

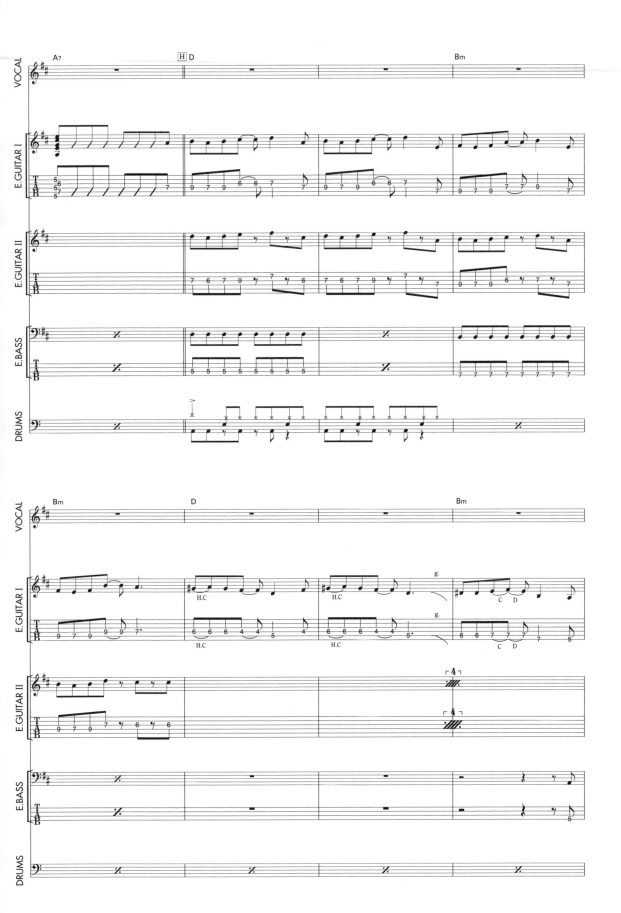

210

MY FOOT

■from 13th. album「MY FOOT」

作詞・作曲：山中さわお

誰かのせいじゃない 気づいている
やっぱり僕は今もストレンジャー
光に群がってお揃いの夢を見ても
居心地悪いだけ

風に消えたラブソング
壁に貼られなかったポスター
渡しそびれてるプレゼント両手に抱え

僕はまだ見てる 進む爪先を
雨も水溜りも気にしないぜ
すぐに乾くんだ
いつの日か立ち止まるのなら
冒険家のように進め my foot
道なき道を

憧れの扉の隙間から
盗んだパスポートじゃもう無理さ
街を薙ぎ倒して寝転んだ夢を見ても
虚しく笑うだけ

夜を急ぐファンダンゴ
空を飛ぶ気になったルースター
砂漠で目覚めたエスキモーと再会を誓い

僕はまだ見てる 永遠のライバルを
十歩先を走るその背中
僕に似てるんだ
いつまでもあきらめの悪い
挑戦者のように走れ my foot
踵を鳴らして

どこに居てもミスキャスト
独り言が増えたロストマン
誘われないのに断るセリフを覚えて

僕はまだ見てる 進む爪先を
雨も水溜りも気にしないぜ
すぐに乾くんだ
いつの日か立ち止まるのなら
冒険家のように進め my foot
道なき道を
踵を鳴らして 行こう

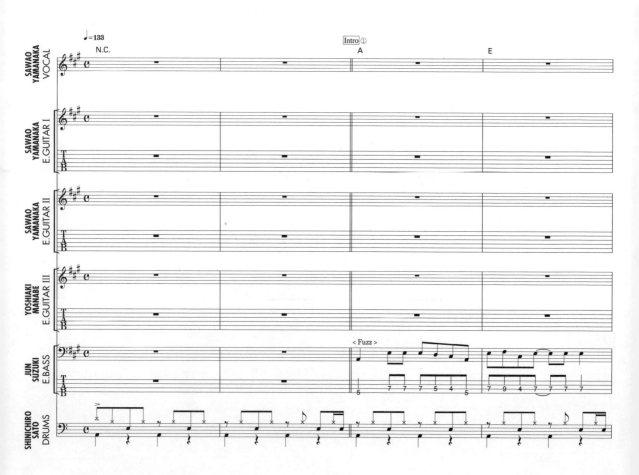

212

216

バンド・スコアの小楽典

ここでは、スコアを読む際に最低限必要な用語等を小楽典としてまとめてみた。下の譜例のそれぞれの番号は、以下の解説の見出し番号に対応している。

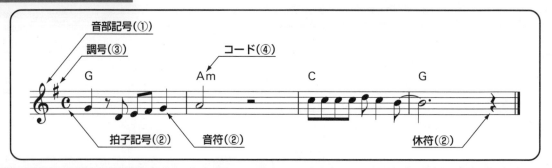

①音部記号と音名

●音部記号

　五線譜上で音の高さを指定する記号で、ポップスやロックなどではト音記号（高音部記号：ヴォーカル・ギター・キーボードなど）とヘ音記号（低音部記号：ベース・キーボードの左手、ドラムス・パーカッションなど音程のない楽器）が一般に用いられる。

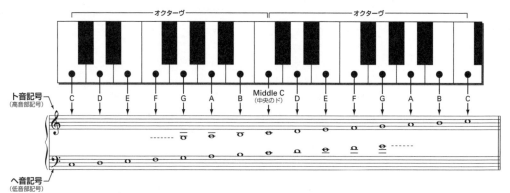

　なお、ごくまれにハ音記号（中音部記号）が使われることもある。この記号は、以前はホルン・トロンボーンなどでも用いられていたが、現在ではほぼ弦楽器のビオラ特有のものになっていると言ってもいいだろう。ト音記号とヘ音記号のちょうど中間を受け持つが、慣れないと直感的にわからないので注意すること。

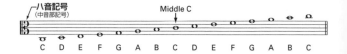

●音名

　音の高さを表す呼称を音名という。国によっていろいろな呼び方があるが、特に英語の呼び方を覚えておこう。

■幹　音 ……鍵盤上の白鍵、または五線上で変化記号を伴わない音。
■派生音 ……幹音に変化記号をつけて半音の上下変化をつけた音。

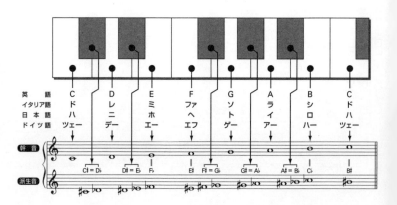

●変化記号

ある音を半音（全音）の上下に変化させるためにつける記号である。

■調　　　号 .... 各キー（調）の音階の構成を示す記号。

■臨時記号 .... 曲の途中で、ある音の高さを一時的に変化させる記号。用いられたところからその小節内に限って有効で、次の小節からは無効。さらに、1オクターヴ以上離れた音についても無効である。

♯	シャープ	幹音を半音高くする。
♭	フラット	幹音を半音低くする。
×	ダブル・シャープ	変化記号（♯）によってすでに半音高められている音をさらに半音高くする。
♭♭	ダブル・フラット	変化記号（♭）によってすでに半音低められている音をさらに半音低くする。
♮	ナチュラル	上記の変化記号を無効にして幹音に戻す。

② 音符・休符・拍子

●音符と休符

音の長さや高さを示す記号を音符という。音の長さは音符の種類で、音の高さは五線上の位置で示す。また、音を出さない部分の長さを示す記号を休符という（表中の「拍数」は $\frac{4}{4}$ の時）。

①単純音符と休符

単純音符		単純休符		長さ（全音符・全休符を1としたとき）	長さ（4分音符・4分休符を1としたとき）	拍数
全音符	𝅝	全休符	▬	1	4	4拍
2分音符	𝅗𝅥	2分休符	▬	$\frac{1}{2}$	2	2拍
4分音符	♩	4分休符	𝄽	$\frac{1}{4}$	1	1拍
8分音符	♪	8分休符	𝄾	$\frac{1}{8}$	$\frac{1}{2}$	$\frac{1}{2}$拍
16分音符	♬	16分休符	𝄿	$\frac{1}{16}$	$\frac{1}{4}$	$\frac{1}{4}$拍
32分音符	♬	32分休符	𝅀	$\frac{1}{32}$	$\frac{1}{8}$	$\frac{1}{8}$拍

●全音符・全休符は、拍子に関係なく「1小節全部」という意味で使われることもある。

②付点音符

名　称	記譜	長さ	拍数
付点全音符	𝅝·	𝅝 + 𝅗𝅥	6拍
付点2分音符	𝅗𝅥·	𝅗𝅥 + ♩	3拍
付点4分音符	♩·	♩ + ♪	$1\frac{1}{2}$拍
付点8分音符	♪·	♪ + ♬	$\frac{3}{4}$拍
付点16分音符	♬·	♬ + 𝅘𝅥𝅯	$\frac{3}{8}$拍

③複付点音符

名　称	記譜	長さ	拍数
複付点全音符	𝅝··	𝅝 + 𝅗𝅥 + ♩	7拍
複付点2分音符	𝅗𝅥··	𝅗𝅥 + ♩ + ♪	$3\frac{1}{2}$拍
複付点4分音符	♩··	♩ + ♪ + ♬	$1\frac{3}{4}$拍
複付点8分音符	♪··	♪ + ♬ + 𝅘𝅥𝅯	$\frac{7}{8}$拍

●付点休符・複付点休符も、それぞれ付点音符・複付点音符に準じる。

④連音符

名　称	拍子	記譜	意　味	分割前の音符
3連音符	$\frac{4}{4}$		本来2等分すべきところを3等分したもの	𝅝 𝅗𝅥 ♩ ♪
4連音符	$\frac{3}{4}$		本来3等分すべきところを4等分したもの	𝅗𝅥·
5連音符			本来4等分すべきところを5等分したもの	𝅗𝅥
7連音符	$\frac{4}{4}$		本来8等分すべきところを7等分したもの	𝅗𝅥
9連音符			本来8等分すべきところを9等分したもの	𝅗𝅥
⋮			⋮	⋮

●拍子記号

音楽には速さ（テンポ）があるが、これは拍（基本となる一定の刻み）によって決まる。この拍を何拍ごとにまとめるかを決めるのが拍子であり、これを示す記号が拍子記号である。拍子記号は、その基本になる音符が1小節内に何個分（何拍分）入っているかということを表すものである。

3 ← 1小節内の「拍数」
4 ← 1拍の単位となる「音符の種類」

この場合、「4分音符が3個分（3拍分）あるのが1小節である」という意味である。

ロック・ポップスでは $\frac{4}{4}$（"C"という記号で示される）や $\frac{3}{4}$ が多いが、$\frac{2}{4}$ や $\frac{6}{8}$・$\frac{5}{4}$ などもよく見かける拍子である。

③調と調号

すべての調（キー）と調号を以下に示しておこう。

④コード

主音をCとしたときのコード・ネームとその表記をまとめてみよう。構成音は下記の譜例に対応している。

コード・ネーム	一般的な読み方	構成音 （下記参照）	備　考
C	シー	ⓐ	
Cm	シー・マイナー	ⓑ	
Caug	シー・オーギュメント	ⓒ	「C(+5)」も同じ。
Cdim	シー・ディミニッシュ	ⓓ	
C6	シー・シックス	ⓔ	
Cm6	シー・マイナー・シックス	ⓕ	
Cdim	シー・ディミニッシュ	ⓖ	通常「Cdim」と書かれていても7thを付加した「Cdim7」で演奏する。
Cmaj7	シー・メジャー・セブン	ⓗ	
Cmmaj7	シー・マイナー・メジャー・セブン	ⓘ	
C7	シー・セブン	ⓙ	
Cm7	シー・マイナー・セブン	ⓚ	
C7(+5)	シー・オーギュメント・セブン	ⓛ	「C7aug」も同じ。
C7(-5)	シー・セブン・フラット・ファイブ	ⓜ	
Cm7(+5)	シー・マイナー・オーギュメント・セブン	ⓝ	
Cm7(-5)	シー・マイナー・セブン・フラット・ファイブ	ⓞ	
Csus4	シー・サス・フォー	ⓟ	
C7sus4	シー・セブン・サス・フォー	ⓠ	

［コードの構成音］

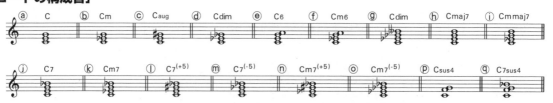

以上のコードに次のテンション・ノートを加えて、さらに変化に富んだ、緊張感のあるサウンドにすることができる。

	種類と表記方法		コードCの時の テンション・ノート
9th（ナインス）	ナチュラル・ナインス	（9）	D
	シャープ・ナインス	（+9）	D♯
	フラット・ナインス	（−9）	D♭
11th（イレヴンス）	ナチュラル・イレヴンス	（11）	F
	シャープ・イレヴンス	（+11）	F♯
13th（サーティーンス）	ナチュラル・サーティーンス	（13）	A
	フラット・サーティーンス	（−13）	A♭

また、付加音として特定の音だけを添えたい時には、「add～」として付け加えたり、ベース音を特に指定する場合にはコード・ネームに続いて「(on～)」と表記する。

BIOGRAPHY

The pillows
（ザ・ピロウズ）

Vocal, Guitar	山中 さわお	1968.12.07	B型	北海道
Guitar	真鍋 吉明	1962.10.02	A型	北海道
Drums	佐藤 シンイチロウ	1964.08.16	O型	茨城県
Bass	鈴木 淳	1968.07.18	B型	千葉県

（ゲスト・ミュージシャン）

1989

09.16　●ザ・ピロウズ結成
09.27　横浜市西区公会堂 ＊シークレットゲスト [with：GEN / FUSE]
11.02　新宿 LOFT ＊オープニングアクト [with：THE RYDERS]
11.02　多摩美術大学 [学園祭 with：大江慎也 / etc…]
11.24　豊橋 かごやホール
11.27　前橋 RATTAN
12.01　新宿 LOFT
12.02　宮城県民会館
12.03　新潟 CLUB JUNK BOX
12.07　札幌 BESSIE HALL
12.08　旭川 STUDIO 9
12.17　仙台 CAD HALL
12.19　本八幡 Route Fourteen
12.20　大宮 FREAKS

1990

01.07　横浜 7th AVENUE
01.09　大阪 am HALL
01.10　京都 BIG BANG
02.19　川崎 CLUB CITTA' [BEAT DANCE パラダイス]
03.05　新宿 LOFT
03.07　名古屋 E.L.L
03.08　大阪 am HALL
03.11　川崎 CLUB CITTA'
　　　[ロフト・サーキット with：スピッツ / ポテトチップス / GROUND NUTS / 16TONS /
　　　ニュー・デイズ・ニューズ / ジムノペディア / 死ね死ね団]
03.24　川崎 CLUB CITTA'
　　　[THE SAPPORO NIGHT vol.1 with：ペケペケエントロピーズ / 怒髪天 /
　　　ゴーゴータイムス / 河童 / LU-NA / 佐久間学 / KENZI / THE MINKS / etc…]
04.15　前橋 RATTAN
04.21　横浜 7th AVENUE
04.22　新宿 NISSIN POWER STATION

★04.25　**mini album『パントマイム』リリース**（CAPTAIN RECORDS）

05.03　仙台 イズミシティ21
　　　[ロフト・サーキット'90 with：グレイトリッチーズ / ポテトチップス / SKAFUNK]
05.05　札幌 BESSIE HALL
　　　[ロフト・サーキット'90 with：グレイトリッチーズ / ポテトチップス / SKAFUNK]
05.08　金沢 VAN VAN V4 [with：16TONS]
05.09　新潟 CLUB JUNK BOX [with：16TONS]
05.12　本八幡 Route Fourteen
05.15　大阪厚生年金会館（中）
　　　[ロフト・サーキット'90 with：SKAFUNK / メスカリンドライブ / スピッツ / The ピーズ]

05.17　名古屋 CLUB QUATTRO
　　　[ロフト・サーキット'90 with：SKAFUNK / スピッツ / The ピーズ / GROUND NUTS]
05.20　日比谷野外音楽堂
　　　[ロフト・サーキット'90 with：カステラ / 餃子大王 / グレイトリッチーズ / SKAFUNK /
　　　スピッツ / ポテトチップス]
05.23　福岡 DRUM Be-1 [with：16TONS]
05.24　広島 WOODY STREET [with：16TONS]
05.30　新宿 LOFT
06.05　横浜 7th AVENUE
06.06　大宮 FREAKS
06.09　新宿 NISSIN POWER STATION [LIVE ON STAGE]
06.28　浅草 常磐座 [浅草六区党Ⅱ with：THE COLLECTORS / 16TONS]
07.23　大阪 am HALL
07.24　名古屋 E.L.L
07.27　新宿 LOFT [guest：サノトシキ]
07.29　仙台 CAD HALL
07.31　新潟 CLUB JUNK BOX
08.03　札幌 BESSIE HALL
08.28　渋谷公会堂
　　　[LIVE ONSTAGE Vol.4 with：CRACK THE MARIAN / 16TONS / 餃子大王 /
　　　ポテトチップス / THE GROOVERS / GROUND NUTS / グレイトリッチーズ /
　　　LAUGHIN' NOSE / THE RYDERS / KATSU CLUB / スイマーズ]
08.31　川崎 CLUB CITTA' [Who's Next]
09.22　新宿 LOFT
09.23　新宿 LOFT
09.24　代々木 Chocolate City ＊シークレットライブ [別名：ゴリオじいさん]
10.04　川崎 CLUB CITTA' [イベント]
10.11　田無市民会館 [東放学園祭]

★10.25　**mini album『90'S MY LIFE』リリース**（HOMO RECORDS）

◆90'S MY LIFE TOUR [全6ヶ所]
10.21　大宮 FREAKS
10.22　横浜 LIVE SQUARE VIVRE
10.28　前橋 RATTAN
11.01　大阪 am HALL
11.02　名古屋 E.L.L
11.08　札幌 PENNY LANE 24

11.17　渋谷 CLUB QUATTRO
　　　＊オープニングアクト [with：THE SEERS (from U.K.)]
11.18　名古屋 CLUB QUATTRO
　　　＊オープニングアクト [with：THE SEERS (from U.K.)]
11.19　大阪 Boomin Hall ＊オープニングアクト [with：THE SEERS (from U.K.)]
11.23　東洋大学 [白山祭]
12.11　新宿 LOFT [with：The ピーズ / A GO GO]
12.20　市川 CLUB GIO
12.31　新宿 LOFT [2部 with：カステラ / The ピーズ / ニューロティカ]

1991

01.05　川崎 CLUB CITTA'
[AGE OF ROCK'N ROLL SHOW（1部）with : THE FIVE TEAR DROPS /
佐久間学 / GEN / CASINOS / 死ね死ね団 / ザ・ブレッキーズ / 怒髪天]

01.06　新宿 LOFT

◆8 PENNY TOUR 1991 [全8ヶ所]
03.28　札幌 PENNY LANE 24
03.31　新潟 CLUB JUNK BOX
04.02　仙台 YAMAHA HALL
04.05　新宿 NISSIN POWER STATION
04.10　名古屋 E.L.L
04.11　大阪 am HALL
04.13　広島 WOODY STREET
04.15　博多 DRUM Be-1

★05.21　single『雨にうたえば』リリース (PONY CANYON)
★06.21　album『MOON GOLD』リリース (PONY CANYON)

06.28　明治大学 [和泉祭 with : 真心ブラザーズ / カステラ]

◆MOON GOLD TOUR 1991 [全10ヶ所]
06.24　仙台 YAMAHA HALL
06.27　札幌 PENNY LANE 24
07.01　新潟 CLUB JUNK BOX
07.06　前橋 RATTAN
07.15　新宿 NISSIN POWER STATION
07.18　大阪 am HALL
07.20　博多 DRUM Be-1
07.22　広島 WOODY STREET
07.23　神戸 CHICKEN JEORGE
07.25　名古屋 E.L.L

◆屋根の上にキミがいる (生演奏付き)
[パチパチ創刊7周年&パチパチロックンロール創刊5周年合同記念企画]
08.19　広島 サンモール屋上
08.20　福岡 ももちマリゾンイベント広場
08.22　大阪 千里セルシーイベント広場
08.24　新宿 三越屋上
08.26　名古屋 パルコアストロドーム
08.29　山形 霞城公園野外音楽堂
08.31　札幌 そごうプラニスホール

11.19　名古屋 E.L.L
11.20　大阪 am HALL
11.24　新宿 NISSIN POWER STATION

◆AGE OF THUNDER ROAD '91 [with : BL.WALTZ / 加藤いづみ / Jiaen 全7ヶ所]
11.25　福岡 VIVRE HALL
11.27　広島 WOODY STREET
11.28　大阪 MUSE HALL
11.30　名古屋 BOTTOM LINE
12.11　新宿 NISSIN POWER STATION
12.16　仙台 141 STUDIO HALL
12.18　札幌 PENNY LANE 24

1992

01.02～渡英 (LONDON 1ヶ月)

03.11　大阪 am HALL
03.12　名古屋 E.L.L
03.16　渋谷 ON AIR
04.05　川崎 CLUB CITTA'
[SAPPORO NIGHT '92 with : KUSU KUSU / 怒髪天 / DMBQ /
bloodthirsty butchers / eastern youth / ゴッツガッツ / セックスビートルズ]

★04.17　single『彼女はシスター』リリース (PONY CANYON)

04.26　本牧アポロシアター
[MY FAVORITE HOUR SPECIAL with : The ピーズ / フレデリック /
THE COLLECTORS]

★05.21　album『WHITE INCARNATION』リリース (PONY CANYON)

◆WHITE INCARNATION TOUR [全13ヶ所]
05.27　新宿 NISSIN POWER STATION
06.08　大阪 am HALL
06.10　福岡 DRUM Be-1
06.11　広島 WOODY STREET
06.16　新潟 CLUB JUNK BOX [with : Mr. Children]
06.17　仙台 シルバーセンター交流ホール [with : Mr. Children]
06.19　札幌 PENNY LANE 24 [with : Mr. Children]
06.26　名古屋 CLUB QUATTRO
07.24　新宿 NISSIN POWER STATION
08.04　長野 J
08.05　前橋 RATTAN
08.07　山形 Session [with : DIP THE FLAG / etc…]
08.10　青森 Quarter [with : The ピーズ]

08.09　仙台 SPORTS LAND SUGO
[Rock'n Roll Olympic '92 with : THE COLLECTORS / カステラ / 筋肉少女帯 / etc…]
08.25　大阪 am HALL [モダーンフィルム & カクテルセッション]
09.05　新宿 NISSIN POWER STATION
[SATURDAY NIGHT R&R SHOW with : Fishmans / GIANT ORANGE OPUS]
10.01　藤沢市民会館 [横浜南高校学園祭]
10.06　INKSTICK SUZUE FACTORY
[Sound as a pound / 別名:彼女はシスターズ with :
THE ELECTRIC GLASS BALLOON / Phi / THE HAIR]
10.31　女子美術大学 (杉並校舎) [学園祭 with : SECRET GOLDFISH]
11.01　大阪大学 (豊中キャンパス) [学園祭 with : ハミングス / Mr. Children]
11.03　長野大学 [学園祭 with : Mr. Children]
11.04　名古屋 BOTTOM LINE [with : Mr. Children]
11.08　法政大学 (多摩校舎)
[学園祭 with : Mr. Children / ブリックフラワー / スピードウェイスターズ]
11.22　明治大学 (生田校舎)
[学園祭 with : ハミングス / 50CC / カステラ / ULTRA POP]
11.25　新宿 NISSIN POWER STATION
[モダーンフィルム with モノクロームカルテット]
11.28　仙台 CAT-Vホール [CRJ SESSIONS VOL.1 with : Resque (from U.K.)]
●ベース 上田ケンジ脱退

1993

03.21　神戸 CHICKEN JEORGE
[BAD MUSIC PRESENTS VOL.2 with : GROUND NUTS / 寺岡呼人UNIT / etc…]
●サポートベースとして、鹿島達也 (SUPER BAD) 加入

08.07　新宿 NISSIN POWER STATION
[SATURDAY NIGHT R&R SHOW '93 with : THE BRICK'S TONE / ULTRA POP]

08.18　大阪 am HALL [with : ハリージェーン]

08.21 新潟 CLUB JUNK BOX [with：The ピーズ]
09.09 新宿 LOFT
　　　[Rockn'n Roll Confrontation with：コングラチュレーションズ（from カステラ）]
10.10 山脇女子短期大学 [学園祭 with：The ピーズ / THE SUNS]
10.31 大阪大学 [学園祭 with：フレデリック / リクオ]
11.04 下北沢 SHELTER [with：ペイントインウォーターカラー]
11.25 新宿 NISSIN POWER STATION [Happy Rebirthday]

★11～ **3曲入り SPECIAL CD**＜非売品＞無料配付（BAD MUSIC GROUP）

11.29 高円寺 SHOW BOAT [with：Fishmans]
12.05 熊谷 VOGUE [with：コングラチュレーションズ]
12.11 大阪 BANANA HALL
12.23 下北沢 SHELTER
　　　[SWINGERS SWEET SPECIAL VOL.1 with：チューインガムウイークエンド /
　　　桑村達人]
12.31 新宿 LOFT [THE FINAL of 1993（1部）]

1994

01.28 下北沢 SHELTER [SWINGERS SWEET SPECIAL VOL.2 with：Fishmans]
02.25 下北沢 SHELTER
　　　[SWINGERS SWEET SPECIAL VOL.3 with：チューインガムウイークエンド / MEX]
03.17 大阪 W'OHOL [スピッツの1994作戦LIVE第一発!! with：スピッツ]

◆**Naked Tour** [全3ヶ所]
04.08 渋谷 CLUB QUATTRO
04.18 名古屋 CLUB QUATTRO
04.19 心斎橋 CLUB QUATTRO

05.01 大阪 アメリカ村 三角公園
　　　[FM802 HIT THE TOWN～LIVE FLASH～ with：吉水孝之]
05.25 市川 CLUB GIO [SWINGERS SWEET SPECIAL VOL.4 with：16TONS]
06.03 横浜 CLUB 24 [SWINGER'S SWEET SPECIAL VOL.5 with：カスタネッツ]

★07.02 **album『KOOL SPICE』リリース**（KING RECORDS）

◇**KOOL SPICE 発売記念トーク&ライブ**
07.02 TOWER RECORDS 新宿店
07.02 HMV 新宿
07.03 WAVE 渋谷店
07.09 TOWER RECORDS 大阪店
07.10 WAVE 神戸店
07.24 TOWER RECORDS 札幌店

◆**KOOL SPICE TOUR** [全4ヶ所]
07.05 渋谷 CLUB QUATTRO
07.21 心斎橋 CLUB QUATTRO
07.22 名古屋 CLUB QUATTRO
07.25 札幌 PENNY LANE 24

08.17 赤坂 TBS ホール [TBSラジオ 第160回 赤坂LIVE with：PLAGUES]

★08.24 **single『DAYDREAM WONDER』**（KING RECORDS）

◆**DAYDREAM TOUR** [全4ヶ所]
10.19 名古屋 CLUB QUATTRO
10.20 心斎橋 CLUB QUATTRO
10.29 渋谷 CLUB QUATTRO
11.01 札幌 PENNY LANE 24

11.30 横浜 CLUB 24 [SWINGERS SWEET SPECIAL VOL.6 with：ULTRA POP]
12.15 神戸 CHICKEN JEORGE
　　　[SWINGERS SWEET SPECIAL VOL.7 with：Fishmans]
12.24 下北沢 CLUB Que [クリスマス・ラ・イブ（ファンクラブ限定）]
12.30 渋谷公会堂
　　　[LIVE GAGA SPECIAL '94 ACT I with：L⇔R / FLYING KIDS with 高野寛]
12.31 下北沢 SHELTER
　　　[II部 with：Sailin Shoes / カスタネッツ / ROUGH BOYS /
　　　チューインガムウイークエンド / Deep & Bites]

1995

02.08 新宿 NISSIN POWER STATION
　　　[BIG WEDNESDAY '95 with：GREAT3 / 綿内克幸 / 野辺剛正]

★03.24 **single『ガールフレンド』リリース**（KING RECORDS）
　　　＊フジテレビ映画 "Love Letter" イメージソング
★03.24 **album『LIVING FIELD』リリース**（KING RECORDS）

◇**LIVING FIELD 発売記念トーク&ライブ**
03.23 TOWER RECORDS 名古屋近鉄店
03.24 TOWER RECORDS 渋谷店
03.26 TOWER RECORDS 大阪店
03.31 HMV 池袋
04.02 TOWER RECORDS 札幌店

04.09 川崎 CLUB CITTA' [イベント]

◆**LIVING FIELD TOUR** [全7ヶ所]
04.10 渋谷 CLUB QUATTRO
04.19 名古屋 CLUB QUATTRO [with：エレキブラン]
04.21 福岡 DRUM Be-1
04.23 金沢 AZ
04.24 大阪 W'OHOL
05.12 仙台 BEEB BASEMENT THEATER [with：TOMOVSKY]
05.14 札幌 PENNY LANE 24 [with：TOMOVSKY]

07.02 心斎橋 CLUB QUATTRO [FM802 COOL NITES with：TOMOVSKY]
07.27 神戸 須磨トリコロール [FM802 AFTERNOON MAGIC]

07.15 渋谷 ON AIR WEST
08.02 名古屋 CLUB QUATTRO
08.03 大阪 W'OHOL

09.16 渋谷 ON AIR EAST
　　　[FOR THE FUTURE VOL.2 with：SOON / SMILE / 恋愛信号]
10.01 京都産業大学 [学園祭]
11.03 早稲田大学 [学園祭 with：thee michelle gun elephant]

◆**Tiny Boat Tour '95** [全6ヶ所]
11.14 仙台 BEEB BASEMENT THEATER
11.17 札幌 PENNY LANE 24
11.22 名古屋 CLUB QUATTRO
12.11 福岡 DRUM Be-1
12.14 大阪 W'OHOL
12.18 渋谷 ON AIR WEST

12.31 渋谷 CLUB QUATTRO
　　　[CLUB DI:GA '95 with：SMILE / SLAP STICKS / NICE MUSIC / escalators /
　　　THE ZIP GUNS / チューインガムウイークエンド / エレキブラン /
　　　THE COOL CHIC CHILD / アッシュ]

1996

01.21　HMV 新潟
01.22　新潟 O-DO JUNK BOX
　　　　[O-DOの逆襲 with : thee michelle gun elephant / etc…]

★01.24　**single『Tiny Boat』リリース**（KING RECORDS）
　　　　＊TVKテレビ他 "Mutoma JAPAN" テーマソング
　　　　＊フジテレビ系 "とれたてガバット" エンディングテーマ

02.11　水沢市文化会館 Zホール（中）
　　　　[FM岩手 音楽処Z倶楽部 第18回公開録音 with : infix]

◆**Tiny Boat Tour '96**［全2ヶ所］
02.22　大阪 W'OHOL
02.28　渋谷 ON AIR WEST

02.25　名古屋 BOTTOM LINE [CBCラジオ～サンデーショックラジオGAGA～]
04.27　横浜 LANDMARK HALL
　　　　[プラディナイト#8 with : 宮本浩司 / KAITA / 樋口了一 / THE ZIP GUNS / LISA]
05.30　渋谷 NHK 505 studio [NHK-FM acoustic LIVE with : SMILE]

★06.21　**maxi single『ストレンジ カメレオン』リリース**（KING RECORDS）

◇**ストレンジ カメレオン 発売記念インストアミニライブ**
06.21　TOWER RECORDS 渋谷店
06.22　TOWER RECORDS 新宿ルミネ店
06.23　TOWER RECORDS 心斎橋店
06.23　HMV 心斎橋
06.29　HMV 名古屋生活倉庫
06.29　TOWER RECORDS 名古屋近鉄店

06.24　名古屋 CLUB DIAMOND HALL
　　　　[中京TV Kiss Miss LIVE with : NOISE FACTORY / MOON CHILD]

◆**ストレンジ カメレオン TOUR**［全2ヶ所］
07.16　大阪 W'OHOL
07.23　渋谷 ON AIR WEST

★08.21　**maxi single『Swanky Street』リリース**（KING RECORDS）
　　　　＊テレビ朝日・ABC系 "金之玉手箱" エンディングテーマ

◇**Swanky Street発売記念インストアミニライブ**
08.17　ディスクマップ 大宮アルシェ店
08.20　HMV 渋谷
08.21　TOWER RECORDS 新宿ルミネ店
08.23　TOWER RECORDS 心斎橋店
08.23　TOWER RECORDS 梅田店
08.24　HMV 心斎橋
08.25　TOWER RECORDS 川崎店
08.25　HMV 横浜
08.30　HMV 名古屋生活倉庫

◆**Swanky Street Tour**［全3ヶ所］
09.30　名古屋 CLUB QUATTRO
10.01　大阪 W'OHOL
10.03　渋谷 ON AIR WEST

◎10.06～ラジオレギュラー　FM-FUJI［ザ・ピロウズのSwanky Street］
　　　　毎週日曜日 22:00～22:30（'97.03終了）

10.20　渋谷 ON AIR WEST
　　　　[HEART BEAT PARADE～ON AIR 祭り～ with : エレキブラン / アップル＆ペアーズ /
　　　　TimeSlip-Rendezvous / チューインガムウイークエンド / 高橋徹也 / 太陽の塔]
11.05　川崎 CLUB CITTA' [TVK LIVE Y with : THE COLLECTORS]

★11.21　**single『TRIP DANCER』リリース**（KING RECORDS）

◆**TRIP DANCER TOUR**［全2ヶ所］
11.21　大阪 W'OHOL
11.26　渋谷 CLUB QUATTRO

◇**TRIP DANCER発売記念インストアミニライブ**
11.20　TOWER RECORDS 心斎橋店
11.20　HMV 心斎橋
11.22　HMV 名古屋生活倉庫
11.23　TOWER RECORDS 渋谷店
11.24　TOWER RECORDS 千葉店
11.24　TOWER RECORDS 新宿ルミネ店
12.07　TOWER RECORDS 小倉店
12.07　TOWER RECORDS 福岡店
12.08　TOWER RECORDS 札幌店

12.16　京都 MUSE HALL
　　　　[デリシャス バンプ ショウ!! with : チューインガムウイークエンド]
12.22　下北沢 CLUB Que
　　　　[デリシャス バンプ ショウ!! with : チューインガムウイークエンド / 16TONS]
12.31　渋谷 CLUB QUATTRO
　　　　[CLUB DI:GA '96 FOR THE FUTURE VOL.3 with : SMILE /
　　　　エレクトリック・グラス・バルーン / 恋愛信号 / チューインガムウイークエンド /
　　　　ナガハタセイジ / エレファントラブ]

1997

★01.22　**album『Please Mr. Lostman』リリース**（KING RECORDS）

◎01.05～ラジオレギュラー　ZIP-FM［山中さわおのNite Sugar Walts］
　　　　毎週日曜日　24:00～24:45（'97.03.30終了）

◇**Please Mr. Lostman発売記念インストアミニライブ**
01.21　HMV 心斎橋
01.24　HMV 名古屋生活倉庫
01.25　TOWER RECORDS 新宿ルミネ店
01.26　ディスクマップ 大宮アルシェ店
02.01　TOWER RECORDS 心斎橋店
02.01　TOWER RECORDS 梅田店

02.15　名古屋 BOTTOM LINE [CBCラジオ公開録音]
03.02　大阪 BAY SIDE JENNY [FM802 HALLO! J-HITS PARTY]

★03.05　**single『彼女は今日,』リリース**（KING RECORDS）
　　　　＊NHK-FM "ミュージックスクエア" エンディングテーマ

03.22　青森 1/3 [FM青森公開録音 LOVI SOUND STATION]

◆**Please Mr. Lostman Tour**［全7ヶ所］
03.21　仙台 MA.CA.NA
03.24　札幌 PENNY LANE 24
04.02　名古屋 CLUB QUATTRO
04.04　広島 NEOPOLIS HALL
04.05　福岡 DRUM Be-1
04.07　大阪 W'OHOL

04.11 渋谷 CLUB QUATTRO

◎04.04〜 ラジオレギュラー FM愛知 [ザ・ピロウズのS・P・Y大作戦]
変則放送（'97.06.27終了）

05.19 下北沢 CLUB Que
[デリシャス バンプ ショウ!! with：チューインガムウイークエンド／ギルカバー＆ザ・モンキー]

05.21 渋谷 La.mama
[BAD MUSIC PRESENTS VOL.3 with：ハミングス／前田カツトシ／MAX-KC／TimeSlip-Rendezvous]

05.23 京都 MUSE HALL
[デリシャス バンプ ショウ!! with：チューインガムウイークエンド／ギルカバー＆ザ・モンキー]

06.10 名古屋 CLUB DIAMOND HALL
[中京TV 総・楽・天ライブ with：アニメタル／デキシード・ザ・エモンズ]

06.12 渋谷 NHK 505 studio [NHK-FM LiveBEAT '97]

06.20 玉光堂 PALS 21 ＊山中さわおトーク＆弾き語り

★06.28 maxi single [ONE LIFE] リリース（KING RECORDS）

◆ONE LIFE TOUR [全10公演]
07.12 青森 1/3
07.14 札幌 PENNY LANE 24
07.17 新潟 CLUB JUNK BOX
07.18 仙台 MA.CA.NA
07.31 広島 NEOPOLIS HALL
08.03 福岡 DRUM Be-1
08.05 大阪 W'OHOL
08.06 大阪 W'OHOL
08.08 名古屋 CLUB QUATTRO
08.10 渋谷 CLUB QUATTRO

08.02 長崎 NIB出島ホール [SOUND Flip '97 with：ギルカバー＆ザ・モンキー]

08.10 愛知 豊田市白浜公園 野外特設ステージ
[GO! GO! ROCK '97 with：ウルフルズ／thee michelle gun elephant／etc…]

08.18 川崎 CLUB CITTA'
[TVK LIVE Y with：ZEPPET STORE／pre-school／TRICERATOPS／Daily Echo]

09.10〜 渡英（LONDON 10日間）
09.17 LONDON The Orange
09.18 LONDON The Garage

10.05 渋谷 ON AIR EAST
[HEART BEAT PARADE〜ON AIR 祭り2〜 with：THE PISS KIDS／太陽の塔／有頂天／TimeSlip-Rendezvous／スピーク／Kneulid Romance]

◎10.07〜 ラジオレギュラー CROSS FM [ザ・ピロウズの HYBRID RAINBOW]
毎週火曜日 24:00〜25:00（'98.03.31終了）

★11.21 single [ハイブリッド レインボウ] リリース（KING RECORDS）
＊NHK BS-2 "WEEKEND joy" エンディングテーマ

◆HYBRID RAINBOW TOUR [全3ヶ所]
12.15 梅田 HEAT BEAT
12.17 名古屋 CLUB QUATTRO
12.21 新宿 LIQUID ROOM

12.31 渋谷 CLUB QUATTRO
[CLUB DI:GA '97 with：Dragon Ash／ZEPPET STORE／pre-school／noodles／PENPALS／THE SALINGER／THE ZIP GUNS／escalators／キャンディー・アイスラッガー]

1998

★01.21 single [アナザー モーニング] リリース（KING RECORDS）

★02.21 album [LITTLE BUSTERS] リリース（KING RECORDS）
★02.21 LIVE VIDEO [Hello, Welcome to Bubbletown's Happy Zoo (instant show)] リリース（KING RECORDS）

◆LITTLE BUSTERS TOUR [全12公演]
03.18 新潟 CLUB JUNK BOX
03.19 仙台 MA.CA.NA
03.21 青森 1/3
03.24 札幌 PENNY LANE 24
03.27 金沢 AZ
03.28 名古屋 CLUB QUATTRO
04.08 大阪 IMP HALL
04.10 広島 NEOPOLIS HALL
04.11 福岡 DRUM LOGOS
04.13 岡山 PEPPER LAND
04.17 新宿 LIQUID ROOM
04.18 新宿 LIQUID ROOM

05.16 新宿 NISSIN POWER STATION
[SATURDAY NIGHT R&R SHOW '98 SPECIAL with：プロペラ／太陽の塔／コールタール]

05.23 下北沢 CLUB QUE
[ビバヤング with：マーブルダイヤモンド／セロファン／DJ：北沢夏音／フミ・ヤマウチ]

05.24 大阪城野外音楽堂
[SWEET LOVE SHOWER '98 with：CURIO／GUITAR WOLF／Dragon Ash／ACO／くるり／THE BIG BAND!!／etc…]

06.03 渋谷 ON AIR EAST
[NACK5 THE ROCKIN' DREAMER'S GIG with：MOON CHILD／TRICERATOPS／water]

06.06 札幌 PENNY LANE 24
[FM NORTH WAVE CANDY POP SHOW VOL.2 with：ZEPPET STORE／the PeatBest／GRAPEVINE／The Pink Stocking Club Band]

06.19 新潟 CLUB JUNK BOX
[JUNKの逆襲 with：the PeatBest／SUN'S COMPANY／VOCAL 7TH BEAT]

06.22 渋谷 CLUB QUATTRO [with：MARION (from U.K.)]
06.23 渋谷 CLUB QUATTRO [with：MARION (from U.K.)]

07.04 お台場 FUJI-TV V4 studio
[FACTORY with：SUPERCAR／HOFFDYLAN／Dragon Ash／Chocolat]

07.18 日比谷野外音楽堂
[LIVE DI:GA SPECIAL '98〜P.S THANK YOU〜 with：CURIO／ウルフルズ／SPARKS GO GO／THE PRIVATES／TimeSlip-Rendezvous／加藤いづみ／ギルカバー＆ザ・モンキー／THE BOOM]

08.02 大阪城野外音楽堂
[POWER ANTENNA SPECIAL 夏の陣 with：TRICERATOPS／MOON CHILD／SUPERCAR／堂島孝平]

08.15 仙台 BEEB BASEMENT THEATER
[LIVE CLAPPER '98 with：GARAPEVINE／ズボンズ]

08.16 札幌芸術の森野外ステージ
[HASSIN WONDER ROCKET '98 with：the michelle gun elephant／BLANKY JET CITY／THE STREET SLIDERS／THE MODS／etc…]

08.23 赤坂 BLITZ
[THIS! '98 with：佐野元春 and The Hobo King Band／SUPERCAR／ロッキーチャック／Daily Echo／Dragon Ash]

08.27 名古屋 CLUB DIAMOND HALL
[Magic Bus '98 with：エレファントラブ／ズボンズ]

08.29 福岡市民会館
[ROCKだぜ! with：斉藤和義／ゆず／SPARKS GO GO／Daily Echo]

08.30　新宿 LIQUID ROOM
[MASTER BLASTA '98 with : ZEPPET STORE / the PeatBest]

★09.02　maxi single『NO SELF CONTROL』リリース (KING RECORDS)

09.03　大阪 IMP HALL [with : THE CHALATANS (from U.K.)]
　　　●鹿島達也に替わり、サポートベースに
　　　鈴木 淳（チューインガムウイークエンド）加入

◇NO SELF CONTROL発売記念インストアミニライブ
09.05　TOWER RECORDS 渋谷店
09.09　TOWER RECORDS 小倉店
09.12　TOWER RECORDS 梅田店
09.12　HMV 心斎橋

09.30　下北沢 CLUB Que
[デリシャス バンプ ショウ!! with : チューインガムウイークエンド / noodles]
10.18　渋谷 ON AIR WEST
[HEART BEAT PARADE〜ON AIR 祭り3 〜 with : SHEEP / 高橋徹也 / FRIENDS / carnies / TimeSlip-Rendezvous / SMILE]

◆NO SELF CONTROL TOUR [全8公演]
10.04　仙台 MA.CA.NA
10.06　札幌 PENNY LANE 24
10.09　広島 NEOPOLIS HALL
10.10　福岡 DRUM LOGOS
10.12　大阪 IMP HALL
10.14　名古屋 CLUB QUATTRO
10.24　新宿 LIQUID ROOM
10.25　新宿 LIQUID ROOM

11.05　川崎 CLUB CITTA'
[CLUB CITTA' 10th Anniversary with : TOMOVSKY / デキシード・ザ・エモンズ]
11.22　下北沢 CLUB Que
[ビバヤング with : マーブルダイヤモンド / Number girl / noodles / DJ : 北沢夏音 / フミ・ヤマウチ]

★11.27　single『インスタント ミュージック』リリース (KING RECORDS)

12.06　渋谷 ON AIR WEST
[BAD MUSIC PRESENTS VOL.4 with : JUNTA SUPER UNIT / Willie's Apple / MAXIS KANSAS CITY / 前田カツトシ / TimeSlip-Rendezvous & ZOOCO]
12.12　渋谷 ON AIR EAST
[FREEDOM-FOOL-FLY Shibuya with : HANADA / the PeteBest / オセロケッツ / GOING UNDER GROUND / the autumn stone / 黒沢秀樹 / etc…]
12.31　渋谷 CLUB QUATTRO
[CLUB DI:GA '98 SPECIAL with : PEALOUT / Barefoot / honey honey / PENPALS / water / The HEYS / MANGAHEAD]
12.31　下北沢 CLUB Que
[CLUB Que YEAR END SPECIAL with : MTハピネス / マモル&the DAViES / POLYSICS / マーブルダイヤモンド / northern bright]

1999

01.14　渋谷 NHK 505 studio [NHK-FM LiveBEAT '99]

★01.22　album『RUNNERS HIGH』リリース (KING RECORDS)

02.04　下北沢 CLUB Que
[デリシャス バンプ ショウ!! with : チューインガムウイークエンド / noodles]

★02.26　VIDEO CLIPS『WE HAVE A THEME SONG』リリース
　　　(KING RECORDS)

◆RUNNERS HIGH TOUR [全17公演]
03.06　渋谷 CLUB QUATTRO
03.13　神戸 CHICKEN GEORGE
03.14　広島 NAMIKI JUNCTION
03.16　岡山 PEPPER LAND
03.18　高知 CARAVAN SARY
03.20　熊本 Django
03.21　福岡 DRUM LOGOS
03.23　大阪 IMP HALL
03.25　名古屋 CLUB QUATTRO
03.27　金沢 AZ
03.28　新潟 CLUB JUNK BOX
04.01　宇都宮 HELP
04.03　青森 1/3
04.05　仙台 BEEB BASEMENT THEATER
04.07　札幌 PENNY LANE 24
04.10　新宿 LIQUID ROOM
04.11　新宿 LIQUID ROOM

◎04.01〜ラジオレギュラー NACK5 ［山中さわおのミッドナイトロックシティ］
毎週木曜日　25:00〜27:00 ('00.06.29終了)

☆04.10　a tribute to the roosters『RESPECTABLE ROOSTERS』
　　　に「Good Dreams」で参加 (HEAT WAVE)

05.02　岡山 倉敷市民会館
[HEART "beat" LAND '99 with : CURIO / the PeteBest / 松坂智幸]
05.03　日比谷野外音楽堂
[VIBE ORANGE BALL with : ウルフルズ / POLYSICS / heaco / WINO / PENPALS / NONA REEVES]
05.23　下北沢 CLUB Que
[sweet phonic 05 with : GOING UNDER GROUND / ステンレス]
05.29　赤坂 BLITZ
[RESPECTABLE ROOSTERS Live with : GYOGUN REND'S / POTSHOT / THE GROOVERS / PEALOUT / 花田裕之 / 下山淳 / 井上富雄 / 池畑潤二]

★07.28　maxi single『カーニバル』リリース (KING RECORDS)
*TBS系 "CDTV" エンディングテーマ

08.07　石川県森林公園（緑化の広場）
[KIT POP HILL '99 with : Hysteric Blue / ARB / エレファント カシマシ / New Cinema 蜥蜴 / くるり / THE MODS / SNAIL RAMP / SADS]
08.08　仙台 勾当台公園野外音楽堂
[Date fm スターライト エクスプロージョン '99 with : AIR / ZEPPET STORE / 桃乃未琴]
08.14　Zepp Fukuoka
[MAJI ROCK FESTIVAL with : TRICERATOPS / くるり / THE SALINGER / willberry]
08.15　渋谷 CLUB QUATTRO
[デリシャス バンプ ショウ!!〜special〜 with : チューインガムウイークエンド / noodles]
08.18　Zepp Osaka
[SOULきのこカーニバル with : フラワーカンパニーズ / くるり / Loop the Loop / noodles / Sweet Shop]
08.27　名古屋 CLUB DIAMOND HALL
[POWER ANTENNA '99 with : THE COLLECTORS / ROBOTS]
08.29　下北沢 CLUB Que
[ビバヤング サマーツアーファイナル '99 with : マーブルダイヤモンド / MO'SOME TONEBENDER / DOMINO88]
09.16　渋谷 ON AIR WEST
[the pillows 結成10周年記念ファン感謝デー（ファンクラブ限定）]

10.01	下北沢 CLUB Que	[with : Cruyff in the bedroom]

10.01 下北沢 CLUB Que [with : Cruyff in the bedroom]

10.09 福岡 DRUM LOGOS
[ローリングロックス EPISODE1 with : THE WONDER SOUL STYLE /
SPARKS GO GO / ELEPHANT MORNING CALL / the PeatBest / noodles]

★10.27 **maxi single『RUSH』リリース** (KING RECORDS)
※TBS系"女神の真相"エンディングテーマ

11.13 下北沢 CLUB Que
[SMILY'S CONNECTION 10days FINAL 同魂異彩 vs : PEALOUT]

11.21 熊本 LIVE BASE CREW
[K-ROCK #1 白岳しろ ROCK NIGHT with : Sheena & The Rockets / マカロニ /
UP AND UNDER]

★12.02 **album『HAPPY BIVOUAC』リリース** (KING RECORDS)

◆**1999 HAPPY BIVOUAC TOUR**
12.11 赤坂 BLITZ

12.31 下北沢 CLUB Que
[QUE'S COUNT DOWN 2000 (1部) with : アポロチーム / cruyff in the bedroom /
noodles / 村部淳一 / スナッパーズ / チューインガムウイークエンド]

12.31 渋谷 CLUB QUATTRO
[CLUB DI:GA 1999-2000 with : BUMP OF CHICKEN / PEALOUT /
BUNGEE JUMP FESTIVAL / noodles / TimeSlip-Rendezvous / TOMOVSKY /
ELEPHANT MORNING CALL / etc…]

2000

01.10 HMV 渋谷 [J-WAVE NEXT BREAK]

◆**2000 HAPPY BIVOUAC TOUR** [全20公演]
01.15 熊谷 VOGUE
01.16 横浜 CLUB 24
01.22 神戸 CHICKEN GEORGE
01.23 京都 MUSE HALL
01.25 広島 NAMIKI JUNCTION
01.27 松山 SALON KITTY
01.28 高知 CARAVAN SARY
01.30 福岡 DRUM LOGOS
02.01 熊本 Django
02.03 岡山 PEPPER LAND
02.04 岡山 PEPPER LAND
02.06 名古屋 CLUB QUATTRO
02.11 大阪 IMP HALL
02.13 金沢 AZ
02.20 札幌 KLUB COUNTER ACTION ※会場の都合により、公演途中で中止
02.22 青森 1/3
02.24 秋田 SOUND SAPPLY
02.26 仙台 BEEB BASEMENT THEATER
02.28 新潟 CLUB JUNK BOX
03.03 札幌 PENNY LANE 24 ※2.20 振り替え公演
03.05 赤坂 BLITZ

04.23 新宿 LOFT [with : KENZI & THE TRIPS]

★04.26 **maxi single『Ride on shooting star』リリース** (KING RECORDS)
*OVA "フリクリ" 主題歌

◆**デリシャス バンプ ショウ!! ～スペシャルツアー～**
[with : noodles / チューインガムウイークエンド / guest : サロンミュージック (6.18 仙台除く) 全4カ所]
06.03 名古屋 CLUB QUATTRO
06.04 大阪 BIG CAT
06.10 渋谷 CLUB QUATTRO
06.18 仙台 MA.CA.NA

06.06 福岡 DRUM Be-1
[ローリングロックス EPISODE 3 with : THE WONDER SOUL STYLE /
Jerry Goose / fra-foa]

07.18 下北沢 CLUB Que
[東京空中マインド Vol.1 with : アポロチーム / ギターベイダー]

08.03 Zepp Sendai
[LIVESTOCK 2000 with : THE JERRY LEE PHANTOM /
CHARCOAL FILTER / ZEPPET STORE / BUMP OF CHICKEN / fra-foa /
フラワーカンパニーズ / 牧謙次郎]

08.09 Zepp Fukuoka
[MAJI ROCK FESTIVAL with : AIR / くるり / サニーデイ・サービス /
BUMP OF CHICKEN / the PeteBest / RIZE]

08.10 Zepp Osaka
[ロックロックこんにちは! Ver.4.00 HYPER with : スピッツ / cool drive makers /
GOING UNDER GROUND / ジャイアントステップ / クラムボン / つじあやの /
みみずくず]

08.19 石狩湾親港樽川ふ頭外野外特設ステージ (MAIN STAGE)
[RISING SUN ROCK FESTIVAL 2000 in EZO with : MONGOL 800 / ACO /
AJICO (UA+BENZIE) / eastern youth / 奥田民生 / SOUL FLOWER UNION /
DMBQ / 電撃ネットワーク / 東京スカパラダイスオーケストラ / HUSKING BEE /
BRAHMAN / POLYSICS / ゆらゆら帝国 / ラフィータフィー]

08.25 渋谷 ON AIR EAST
[CLUB DI:GA GO GO EAST with : shame / SHORTCUT MIFFY! /
BUNGEE JUNP FESTIVAL / the PeteBest / スナッパーズ]

08.27 広島観音マリーナ特設会場
[サウンドマリーナ2000 with : STALE FISH GRAB / BUMP OF CHICKEN /
WINO / cool drive makers / TRICERATOPS / AIR / SNAIL RAMP /
GRAPEVINE / サニーデイ・サービス]

08.29 大阪 MOTHER HALL
[RUSH BALL 2000 ～2nd STAGE～ with : BUMP OF CHICKEN /
ホフディラン / STORM / THE GROOVERS / SNAIL RAMP]

08.31 名古屋 E.L.L
[SMILY'S PRESENTS E.L.L BRAVO with : POLYSICS /
デキシード・ザ・エモンズ / スイッチトラウト / DJ : ISHIKAWA]

09.16 神戸 CHICKEN GEORGE
[CHICKEN GEORGE 20TH ANNIVERSARY opening act : スカラベ]

09.17 神戸 CHICKEN GEORGE
[CHICKEN GEORGE 20TH ANNIVERSARY opening act : アポロチーム]

09.19 渋谷 CLUB QUATTRO
[今夜決戦 FIGHT TO NIGHT with : PLAGUS / MO'SOME TONEBENDER]

☆10.04 **サウンドトラック『フリクリ Original Sound Track1～Addict～』
リリース** (KING RECORDS)

10.05 下北沢 CLUB Que
[6VOLT ELECTORIQue JOIN 21st CENTURY vs : サロンミュージック]

10.07 札幌 MESSE HALL
[MIX 2000 POWER ANTENNA with : オーノキヨフミとグロッキーグーニーズ /
CANNABIS / MILK CROWN / フラワーカンパニーズ]

10.08 札幌 MESSE HALL
[MIX 2000 POWER ANTENNA with : ハッポンアシ / チェンバロ /
フラワーカンパニーズ / MILK CROWN]

11.14 TOWER RECORDS 渋谷店 B1 "STAGE ONE"
[SPACE SHOWER TV LIVE SHOWER PHANTOM #32 with : ホフディラン]

★11.22　**maxi single『I think I can』リリース** (KING RECORDS)
　　　　*日本テレビ系全国ネット "SPORTS MAX" エンディングテーマ

12.01　Zepp Sendai
　　　　[THE COLLECTORS presents MAGIC FUN FAIR special with :
　　　　THE COLLECTORS / PEALOUT]

◆ **I think I can!!!!! Tour** [全3ヶ所]
12.19　大阪 BIG CAT
12.20　名古屋 CLUB QUATTRO
12.22　赤坂 BLITZ

12.31　下北沢 CLUB Que
　　　　[Que's Count Down 2001 1st 20th Century Final Guitar's Rockin' with :
　　　　チューインガムウイークエンド / PEALOUT / cruyff in the bedroom / etc…]

12.31　渋谷 CLUB QUATTRO
　　　　[CLUB DI:GA GO GO 2001 with : PENPALS / SHORTCUT MIFFY! /
　　　　BUNGEE JUMP FESTIVAL / etc…]

2001

01.14　下北沢 CLUB Que
　　　　[ビバヤング with : MO'SOME TONEBENDER / popcatcher / マーブルダイヤモンド]

★02.07　**best album『Fool on the planet』リリース** (KING RECORDS)

◇**Fool on the planet 発売記念インストアライブ**
02.10　HMV 新潟 *山中さわお トーク & 弾き語り
02.12　TOWER RECORDS 渋谷店 B1 "STAGE ONE"

02.26　下北沢 CLUB Que
　　　　[デリシャス バンプ ショウ!!〜2days〜 with : アポロチーム / スカラベ /
　　　　my way my love]
02.27　下北沢 CLUB Que
　　　　[デリシャス バンプ ショウ!!〜2days〜 with : チューインガムウイークエンド / noodles]

◆**Fool on the planet Tour** [全23公演]
03.17　渋谷 CLUB QUATTRO (opening act : スカラベ / my way my love)
03.21　京都 磔磔
03.23　岡山 PEPPER LAND
03.24　米子 BELIER
03.26　神戸 CHICKEN GERORGE
03.30　前橋 club FLEEZ
04.01　金沢 AZ
04.03　新潟 CLUB JUNK BOX
04.04　仙台 CLUB JUNK BOX (opening act : my way my love)
04.06　青森 Quarter
04.08　札幌 PENNY LANE 24
04.10　秋田 LIVE SPOT 2000
04.12　宇都宮 VOGUE
04.18　名古屋 CLUB QUATTRO
04.20　広島 NAMIKI JUNKTION
04.22　福岡 DRUM LOGOS (opening act : スカラベ)
04.23　熊本 Django
04.25　松山 SALON KITTY
04.26　高知 CARAVAN SARY
04.29　大阪 BIG CAT (opening act : スカラベ)
04.30　大阪 BIG CAT (opening act : my way my love)
05.05　赤坂 BLITZ (opening act : noodles)
05.12　沖縄 HUMAN STAGE (opening act : noodles)

07.22　表参道 FAB [FAB OPENING SPECIAL with : bloodthirsty butchers]

☆07.25　サウンドトラック『フリクリ Original Sound Track & Drama CD 2
　　　　〜海賊王〜』リリース (KING RECORDS)

08.04　仙台港 (accel)
　　　　[ARABAKI ROCK FEST. in Sendai Bay 08042001 with : LOVE PSYCEDELICO /
　　　　真心ブラザーズ / 斉藤和義 / MONGOL 800 / RIZE / ロリータ18号 / Hi-5 /
　　　　In the Soup / THEATRE BROOK / THE BACK HORN]

☆08.08　オムニバスアルバム『LIFE IS DELICIOUS』に「21 fingers」・
　　　　「No substance」2曲収録 (DELICIOUS LABEL)

08.08　岡山 ORGA HALL
　　　　[Sync★Special Live Edition HERVEST 2001 with : YOGURT-pooh /
　　　　PENPALS / the PeteBest / NANANINE / my way my love]

08.12　石川県森林公園 (緑化の広場)
　　　　[KIT POP HILL 2001 with : THEE MICHELLE GUN ELEPHANT /
　　　　THE MODS / GO! GO! 7188 / SUPER BUTTER DOG /
　　　　MISSILE GIRL SCOOT / PICK2HAND]

★08.29　**LIVE VIDEO & DVD『BUSTERS ON THE PLANET』
　　　　リリース** (KING RECORDS)

◆**デリシャス バンプ ショウ!! 〜LIFE IS DELICIOUS TOUR〜**
[with : noodles / スカラベ / my way my love 全5ヶ所]
09.01　渋谷 ON AIR EAST
09.07　名古屋 E.L.L
09.09　福岡 DRUM Be-1
09.11　大阪 BIG CAT
09.16　仙台 CLUB JUNK BOX

10.15　下北沢 CLUB Que
　　　　[CLUB Que 7th Anniversary FINAL SPECIAL PERFORMANCES with :
　　　　まぼろしのみぎ]
10.24　横浜 Bay Hall
　　　　[TVK LIVE Y with : GOING UNDER GROUND / Herman H. & The pacemakers]
10.28　原宿 LAFORET MUSEUM
　　　　[P-NIGHT! with : PENPALS / POLYSICS / PEALOUT / the PeteBest / Petit Mit]

★10.31　**album『Smile』リリース** (KING RECORDS)

◇**Smile 発売記念 インストアライブ**
11.11　TOWER RECORDS 渋谷店 B1 "STAGE ONE"

◆**2001 Smile Tour** [全3ヶ所]
12.15　名古屋 CLUB QUATTRO
12.16　大阪 BIG CAT
12.23　SHIBUYA-AX

12.31　下北沢 CLUB Que
　　　　[QUE'S COUNT DOWN 2002 LOVE, PEACE AND WITHOUT FIGHTING
　　　　with : noodles / スカラベ / Sepa / ISSUE / OOTELESA]
12.31　渋谷 CLUB QUATTRO
　　　　[CLUB DI:GA GO GO 2002 with : BEAT CRUSADERS / チェンバロ / Hi-5 /
　　　　PEALOUT / BUNGEE JUMP FESTIVAL / ストレイテナー / ART-SCHOOL /
　　　　Herman H. & The pacemakers / SOULS BERRY / ZEPPET STORE]

2002

◆**2002 Smile Tour** [全21公演]
- 01.23　京都 MUSE HALL
- 01.25　松山 SALON KITTY
- 01.26　広島 NAMIKI JUNCTION
- 01.28　岡山 PEPPER LAND
- 01.29　米子 BELIER
- 01.31　金沢 AZ
- 02.02　新潟 CLUB JUNK BOX
- 02.03　前橋 club FLEEZ
- 02.08　神戸 CHICKEN GEORGE
- 02.10　福岡 DRUM LOGOS
- 02.11　熊本 Django
- 02.13　鹿児島 SR HALL
- 02.15　那覇 CLUB D-set
- 02.25　宇都宮 VOGUE
- 02.27　仙台 CLUB JUNK BOX
- 03.01　青森 Quarter
- 03.03　札幌 PENNY LANE 24
- 03.08　大阪 BIG CAT
- 03.09　大阪 BIG CAT
- 03.01　名古屋 CLUB QUATTRO
- 03.17　赤坂 BLITZ

- 03.22　ON AIR OSAKA
  [HAPPY PLACE vol.8 with : ZEPPET STORE / スナッパーズ / ELLEGARDEN]
- 04.22　下北沢 CLUB Que
  [デリシャス バンプ ショウ!! with : noodles / スカラベ / fragments]
- 06.06　新宿 LOFT
  [the PeteBest presents AGAINST THE FUT!! with : the PeteBest / ストレイテナー]
- 07.28　下北沢 CLUB Que
  [RETURN TO NATURAL 2002 夏の陣 with : SUPER SNAZZ]

★08.01　maxi single『白い夏と緑の自転車 赤い髪と黒いギター』
　　　　リリース（KING RECORDS）＊TBS "桂芸能社ファイル" エンディングPV

- 08.01　沖縄 宜野湾市海浜公園屋外劇場
  [The Tug of Rock'n Roll 02 with : ↑THE HIGH-LOWS↓ / MONGOL 800 /
  RIZE / ガガガSP / THE☆HOOKERS / スカイメイツ / FLOW]
- 08.22　Zepp Sendai
  [ロックロックこんにちは! in 仙台 with : スピッツ / PENPALS/ In the Soup /
  THE NEATBEATS / Crash in Antwarp / ラブハンドルズ]
- 08.26　名古屋 CLUB QUATTRO
  [MAGIC BUS '02 with : YO-KING / Stereo Fabrication of Youth]
- 08.28　福岡 DRUM LOGOS
  [The Supreme Rock Gangs '02 with : YO-KING / GOING UNDER GROUND]
- 08.30　広島 CLUB QUATTRO
  [SCEMBLE OVER THE ROCK '02 with : YO-KING / GO! GO! 7188]
- 09.05　大阪 なんば Hatch
  [fuzz maniax with : YO-KING / LOVE JETS / ガガガSP]
- 09.07　SHIBUYA-AX
  [fuzz maniax with : YO-KING / In the Soup / ガガガSP / the youth]
- 09.19　川崎 CLUB CITTA'
  [Driving A Go! Go! with : SOMETHING CORPORATE (from U.S.A.) /
  ZEPPET STORE / the band apart / asparagus]
- 10.14　札幌 FACTORY HALL
  [MIX 2002 HIGUMA ROCK FES 2002 in EZO with : 怒髪天 /
  SPARKS GO GO / bloodthirsty butchers / リボルバーアホスター]
- 10.20　大阪 BIG CAT
  [MINAMI WHEEL 2002 with : DOMINO88 / CHABA / CLASSIC CHIMES / Genius]

★10.23　album『Thank you, my twilight』リリース (KING RECORDS)
★10.23　B-side集『Another morning, Another pillows』(2枚組)
　　　　リリース (KING RECORDS)
☆10.23　A TRIBUTE TO THE COLLECTORS『BEAT OFFENDERS』
　　　　に「1.2.3.4.5.6.7 DAY A WEEK」で参加 (east west japan)

- 11.07　下北沢 CLUB Que
  [デリシャス バンプ ショウ!!〜2days〜 with : fragments / HERMIT / ASH]
- 11.08　下北沢 CLUB Que
  [デリシャス バンプ ショウ!!〜2days〜 with : noodles / スカラベ / Rom]
- 11.17　長野 CLUB JUNK BOX
  [NAGANO CLUB JUNK BOX 3rd Anniversary 第2弾 with : レピッシュ /
  PEALOUT / Scoobie Do / THE BACK-STYLE]
- 12.28　下北沢 CLUB Que
  [FUNKY PUNKY Vol.7 with : solt water taffy / DJ : HOTHY / YUYA /
  ハタユウスケ / 松本素生 / GUEST DJ : ひさし]
- 12.31　下北沢 CLUB Que
  [Que's COUNT DOWN 2003 LAST TIME IS ROCK MUSIC with :
  noodles / DUSK / BAZRA / farmstay / OOTERESA / ゴーグルエース]
- 12.31　渋谷 CLUB QUATTRO
  [CLUB DI:GA GO GO 2003 with : BEAT CRUSADERS / Hi-5 /
  THE イナズマ戦隊 / BURGER NUTS / NANANINE / ストレイテナー / レミオロメン /
  BAZRA / farmstay / TYPHOON24]

◆**Thank you, my twilight Tour　supported by smart** [全22ヶ所]
- 12.09　渋谷 CLUB QUATTRO
- 12.18　神戸 CHICKEN GEORGE (opening act : HERMIT)
- 12.20　米子 BELIER
- 12.21　岡山 PEPPER LAND
- 12.23　静岡 Sunash

2003

- 01.13　宇都宮 VOGUE
- 01.15　仙台 CLUB JUNK BOX (opening act : HERMIT)
- 01.17　青森 Quarter
- 01.19　札幌 PENNY LANE 24
- 01.22　金沢 AZ
- 01.24　新潟 CLUB JUNK BOX
- 01.25　前橋 club FLEEZ
- 01.31　京都 MUSE HALL
- 02.02　松山 SALON KITTY
- 02.03　広島 NAMIKI JUNCTION
- 02.05　熊本 DRUM Be-9
- 02.07　鹿児島 SR HALL
- 02.09　那覇 CLUB D-set
- 02.11　福岡 DRUM LOGOS (opening act : HERMIT)
- 02.14　大阪 なんば Hatch
- 02.16　名古屋 CLUB QUATTRO (opening act : HERMIT)
- 02.23　赤坂 BLITZ

- 03.22　SHIBUYA-AX
  [fuzz maniax　with : Herman H. & The pacemakers / スネオヘアー /
  ART-SCHOOL / ストレイテナー / BAZRA]
- 04.02　大阪 BIG CAT
  [FM802 SPECIAL LIVE〜STEP BY STEP〜 with :
  Herman H. & The pacemakers / GOING UNDER GROUND / LOST IN TIME]
- 05.04　SHIBUYA-AX
  [MUSIC DAY 2003 MAGIC FUN FAIR SPECIAL with :
  THE COLLECTORS / GOING UNDER GROUND]

07.14　福岡 CROSSING HALL
[山笠ROCK NIGHT '03 NORTH by SOUTH with：怒髪天 / GILLCOVER /
bloodthirsty butchers]

07.23　下北沢 CLUB Que
[RETURN TO NATURAL CLUB Que 夏の陣 with：PEALOUT]

08.16　石狩湾新港ふ頭横野外特設ステージ（EARTH TENT）
[RISING SUN ROCK FESTIVAL 2003 in EZO with：175R / SOURCE /
Bleach / 斉藤和義 / 畠山美由紀 / キリンジ / 曽我部恵一 / HEESEY WITH DUDES /
フラワーカンパニーズ / Scoobie Do / 惑星 / GUITAR WOLF]

08.20　下北沢 CLUB Que
[夏の VIVA YOUNG! 5DAYS Music goes on! with：Husking Bee / farmstay]

08.28　名古屋 CLUB DIAMOND HALL
[COOL CAMP '03 P-NIGHT!!! with：The ピーズ / PENPALS / POLYSICS]

08.29　SHIBUYA-AX
[fuzz maniax with：ガガガSP / ストレイテナー / THE イナズマ戦隊 / ZARIGANI 5]

★09.03　maxi single『ターミナル・ヘヴンズ・ロック』リリース（KING RECORDS）

★09.03　VIDEO CLIPS『DEAD STOCK PARADISE』リリース
（KING RECORDS）

★09.03　LIVE VIDEO『Hello, Welcome to Bubbletown's Happy Zoo』
（DVD化）リリース（KING RECORDS）

★09.03　VIDEO CLIPS『WE HAVE A THEME SONG』
（DVD化）リリース（KING RECORDS）

09.07　国府多賀城（城南小学校）
[ARABAKI ROCK FEST. 09072003 with：The ピーズ / GO! GO! 7188 /
eastern youth / HARRY / ACIDMAN / CORNER / STANCE PUNKS /
エレファントカシマシ]

◇ターミナル・ヘヴンズ・ロック 発売記念インストアライブ
09.13　TOWER RECORDS 渋谷店 B1 "STAGE ONE"

◆TERMINAL HEAVEN'S ROCK TOUR［全3ヶ所］
10.03　心斎橋 CLUB QUATTRO
10.05　名古屋 CLUB QUATTRO
10.07　渋谷 CLUB QUATTRO

10.24　TOWER RECORDS 渋谷店 B1 "STAGE ONE"
[NANA-IRO ELECTORIC TOKYO with：ASIAN KUNG-FU GENERATION /
ストレイテナー]

★11.06　album『ペナルティーライフ』リリース（KING RECORDS）
*収録曲「昇らない太陽」が映画 "ムーンライト・ジェリーフィッシュ" 挿入歌

11.11　新宿 LIQUID ROOM
[REBEL MUSIC & REBEL CLOTHING with：bonobos /
NINE DAYS WONDER / クラムボン]

12.31　下北沢 CLUB Que
[Que's COUNT DOWN 2004 Do You Eat Rice Cake? with：noodles / DUSK /
サンプリングサン / GRiP / TimeSlip-Rendezvous / ランクヘッド]

12.31　渋谷 CLUB QUATTRO
[DI:GA STYLE 2004 with：ASIAN KUNG-FU GENERATION /
ELLEGARDEN / ストレイテナー / THE イナズマ戦隊 / BAZRA / つばき /
ランクヘッド / 椿屋四重奏 / Jackson Vibe / TYHOON24]

◆PENALTY LIFE TOUR supported by smart［全22公演］
12.12　神戸 CHICKEN GEORGE
12.14　静岡 Sunash
12.18　川崎 CLUB CITTA'

2004

01.17　熊谷 VOGUE
01.19　京都 MUSE
01.21　米子 BELIER
01.23　福岡 DRUM LOGOS
01.25　那覇 CLUB D-set
01.27　広島 NAMIKI JUNCTION
01.29　松山 SALON KITTY
01.31　岡山 PEPPER LAND
02.01　岡山 PEPPER LAND
02.03　金沢 AZ
02.05　新潟 CLUB JUNK BOX
02.07　高崎 club FLEEZ
02.11　仙台 CLUB JUNK BOX
02.13　弘前 Mag-Net
02.15　札幌 PENNY LANE 24
02.18　宇都宮 VOGUE
02.27　名古屋 CLUB QUATTRO
02.29　大阪 なんば Hatch
03.07　SHIBUYA-AX

★03.30　re-sale album『90'S MY LIFE returns』リリース
（DELICIOUS LABEL）*ライブ会場 & 通信販売限定

03.30　SHIBUYA-AX
[fuzz maniax with：Syrup16g / ART-SCHOOL / ストレイテナー / sports]

04.10　大阪 BIG CAT
[CHIWAKI MAYUMI presents CABARET-9 with：Radio Caroline /
Sembello / 勝手にしやがれ]

04.19　下北沢 CLUB Que [SAWAO SING ALONE]
*山中さわお弾き語りワンマンライブ

05.19　下北沢 CLUB Que
[デリシャス バンプ ショウ!!～2days～ with：RUMTAG / HERMIT / DJ：ハタユウスケ]

05.20　下北沢 CLUB Que
[デリシャス バンプ ショウ!!～2days～ with：TOMOVSKY / noodles /
DJ：ハタユウスケ]

06.14　下北沢 CLUB QUe
[the pillows 15th anniversary ケミカル バンプ ショウ!! vol.1 with：ストレイテナー]

★06.23　self cover mini album『TURN BACK』リリース（KING RECORDS）

☆07.02　サウンドトラック『Colors of Life ORIGINAL SOUNDTARACK』に
「Dead Stock Paradise」・「スーパートランポリン スクールキッド」
2曲収録（UKPROJECT）

◇山中さわお弾き語りスペシャルライブ～SAWAO SING ALONE～
06.26　TOWER RECORDS 札幌ピヴォ店
06.28　HMV 仙台一番町
07.03　HMV 天神
07.04　TOWER RECORDS 広島店
07.11　名古屋 APOLLO THEATER
07.11　Bonilla OSAKA

07.21　下北沢 CLUB Que
[the pillows 15th anniversary ケミカル バンプ ショウ!! vol.2 with：
GOING UNDER GROUND]

08.10　下北沢 CLUB Que
[the pillows 15th anniversary ケミカル バンプ ショウ!! vol.3 with：ELLEGARDEN]

08.17　大阪 なんば Hatch
[LIFE SIZE ROCK 04 with：YO-KING / サンボマスター / LOST IN TIME /
アナログフィッシュ]

08.19 東京 SHIBUYA-AX
[VINTAGE 2004 with : The ピーズ / SPARTA LOCALS / LOST IN TIME]

08.28 広島 国営備北丘陵公園 (WEST STAGE)
[SETSTOCK 04 with : orange pekoe / GOING UNDER GROUND / 斉藤和義 /
PUFFY / Jackson vibe / THE NEUTRAL / FLAMING ECHO / maegashira]

09.05 沖縄 宜野湾市海浜公園屋外劇場 ※台風により公演中止
[The Tug of Rock'n Roll 04 with : ↑ THE HIGH-LOWS ↓ / GO!GO!7188 /
ゆらゆら帝国 / FLOW / NICOTINE / PE'Z / THE NEATBEATS /
ASIAN KUNG-FU GENERATION / サンボマスター / B-SHOP / Ska しっぺ]

★09.16 tribute album 『シンクロナイズド・ロッカーズ』 リリース
(KING RECORDS)

★09.16 DVD 『WALKIN' ON THE SPIRAL』 リリース (KING RECORDS)

◆the pillows 15th Anniversary THANK YOU VERY MUCH,
I LIKE YOU BUSTERS! [全2ヶ所]
09.16 SHIBUYA-AX
09.25 大阪 BIG CAT

09.23 名古屋 CLUB DIAMOND HALL
[the pillows 15th Anniversary ケミカル バンプ ショウ!! in NAGOYA with :
ELLEGARDEN / ストレイテナー]

10.01 下北沢 CLUB Que
[CLUB Que 10th Anniversary music is life, life is music vol.13 with :
THE COLLECTORS]

★10.06 maxi single 『その未来は今』 リリース (KING RECORDS)

10.09 仙台港 accel
[ARABAKI PROJECT PRESENTS GOING TO ARABAKI ROCK FEST.2005
荒吐宵祭 with : ELLEGARDEN / ストレイテナー / FTK&K / The ピーズ / つじあやの /
THE MICHETEETH / THEATERE BROOK / 櫻井敦司 / 田中和将 / Leyona]

★11.03 album 『GOOD DREAMS』 リリース (KING RECORDS)

11.09 渋谷 CLUB QUATTRO
[QUIP×HIGHLINE 00001 with : 髭 (HiGE) / アナログフィッシュ /
FLAMING ECHO / 自由人]

◇GOOD DREAMS発売記念インストアライブ
11.19 TOWER RECORDS 渋谷店 B1 "STAGE ONE"

11.22 札幌 PENNY LANE 24
[TOWER RECORDS 25th Anniversary LIVE GO! GO! 25th with :
GRAPEVINE / つばき / HIGH VOLTAGE]

12.31 下北沢 CLUB Que
[Que's Count Down 2005 PRIMARY DRIVER VIEW with : noodles /
ハックルベリーフィン / GRiP / OOTELESA / キャプテンストライダム / セカイイチ / Sepa]

12.31 渋谷 CLUB QUATTRO
[VINTAGE×DI:GA 2005 with : ストレイテナー / SKA SKA CLUB /
DOPING PANDA / ELLEGARDEN / COMEBACK MY DAUGHTERS /
HOLSTEIN / pull / TYPHOON24]

◆GOOD DREAMS TOUR [全23ヶ所]
12.16 恵比寿 LIQUIDROOM
12.19 神戸 CHICKEN GEORGE
12.21 静岡 Sunash

2005

★01.26 LIVE DVD 『916 "15th Anniversary Special Live DVD"』 リリース
(KING RECORDS)

01.14 横浜 CLUB 24
01.16 熊谷 VOGUE
01.22 宇都宮 VOGUE
01.26 新潟 CLUB JUNK BOX
01.28 金沢 AZ
01.30 京都 MUSE
02.01 松山 SALON KITTY
02.02 広島 NAMIKI JUNCTION
02.04 福岡 DRUM LOGOS
02.06 那覇 CLUB D-set
02.08 周南 TIKI-TA
02.10 米子 BELIER
02.11 岡山 ACTRON
02.18 仙台 CLUB JUNK BOX
02.20 弘前 Mag-Net
02.22 札幌 PENNY LANE 24
02.26 高崎 club FLEEZ
03.04 名古屋 CLUB QUATTRO
03.06 大阪 なんば Hatch
03.13 SHIBUYA-AX

◆DELICIOUS BUMP TOUR IN USA [with : noodles 全7ヶ所]
03.17 Austin, TX Brush Square Park Tent
[SXSW JAPAN NITE BASH! with : Petty Booka / BONNIE PINK / Titan Go King's]

03.18 Austin, TX Caribbean Lights
[SXSW Japan Nite#1 with : Titan Go King's / I-Dep / The Emeralds]

03.20 New York, NY PIANOS [with : Daddy / FUTURE 86]

03.21 New York, NY The Knitting Factory〜main performance space〜
[with : Daddy / Male Room]

03.23 Seattle, WA The Crocodile Cafe
[with : THE STEREO FUTURE / Asahi]

03.25 Los Angeles, CA KING KING
[with : Petty Booka / Titan Go King's / Pink Mochi / The Emeralds /
Tsushimamire / Puppypet]

03.27 San Francisco, CA Studio Z
[with : Petty Booka / Titan Go King's / The Emeralds / Tsushimamire]

04.10 さいたま新都心 VOGUE
[GOOD DREAMS BUMP SHOW!! with : TOMOVSKY]

04.14 京都 MOJO [GOOD DREAMS BUMP SHOW!! with : TOMOVSKY]

04.29 仙台港特設ステージ (HATAHATA)
[ARABAKI ROCK FEST. 04292005 with : ELLEGARDEN / GRAPEVINE /
THE BACK HORN / The ピーズ / THE BAND HAS NO NAME /
藤原美幸 (秋田民謡) / etc…]

★05.03 album 『ペナルティーライフ』 全米リリース (Geneon U.S.A.)

05.13 Chicago, IL Hyatt Regency O'Hare〜Grand Ballroom〜
[anime central 2005]

05.14 Chicago, IL Hyatt Regency O'Hare〜Grand Ballroom〜
[anime central 2005]

★06.05 サウンドトラック 『フリクリ Original Sound Track NO.03』
日米同時リリース (KING RECORDS / Geneon U.S.A.)

07.02 Zepp Osaka
[OSAKA festival in front of RISING SUN with : DOPING PANDA /
BOOM BOOM SATELLITES / スカポンタス]

07.11 下北沢 CLUB Que
[デリシャス バンプ ショウ!! with : noodles / HERMIT]

08.15 SHIBUYA O-EAST [ケミカル バンプ ショウ!! with : BRAHMAN / 髭(HiGE)]

08.20 石狩湾新港樽川ふ頭横野外特設ステージ (GREEN OASIS)
[RISING SUN ROCK FESTIVAL 2005 in EZO with : DEPAPEPE /
功刀丈弘&Abyss of Tim / 松谷卓 / 押尾コータロー / GONTITI /
ASA-CHANG & 巡礼 / KOOLOGI / うつみようこ & YOKOLOCO BAND /
安藤裕子 / 一十三十一 / bobin and the mantra / POMERANIANS / 勝手にしやがれ]

★09.14 **maxi single『ノンフィクション』リリース**(KING RECORDS)

★09.14 **DVD『DELICIOUS BUMP TOUR IN USA』リリース**
(KING RECORDS)

10.05 SHIBUYA-AX
[fuzz maniax with : MO'SOME TONEBENDER / ART-SCHOOL / つばき /
音速ライン / シュノーケル]

10.10 新宿 Flags 屋上
[タワーレコード新宿店7周年記念屋上ライブ(2部) with : ACIDMAN /
小島真由美 / フジファブリック]

11.10 Shibuya O-WEST
[デリシャス バンプ ショウ!! with : noodles / HERMIT / monokuro /
THE STEREO FUTURE (from Seattle)]

★11.23 **maxi single『サード アイ』リリース**(KING RECORDS)

◆**The third eye Tour** [全3ヶ所]
12.02 大阪 なんば Hatch
12.09 名古屋 CLUB QUATTRO
12.15 SHIBUYA-AX

12.18 新宿 LOFT
[トーキョーブラッサム VOL.19 同郷ブラッサムVol.2 ~4プラ7F自由市場~ with :
怒髪天]

12.31 渋谷 CLUB QUATTRO
[VINTAGE×DI:GA with : ELLEGARDEN / つばき / キャプテンストライダム /
UNDER THE COUNTER / TYPHOON24 / peridots / BAZRA / FULLARMOR /
DOPING PANDA]

2006

★01.12 **album『MY FOOT』リリース**(KING RECORDS)

◇**MY FOOT発売記念インストアライブ**
01.20 TOWER RECORDS 渋谷店 B1 "STAGE ONE"

02.04 お台場 FUJI-TV V5 studio
[FACTORY with : Theピーズ / GOING UNDER GROUND / Base Ball Bear]

★02.26 **limited single『Gazelle city~The Atomic Age~』リリース**
(KING RECORDS) ＊ライブ会場 & 通信販売限定

★02.26 **DVD『DELICIOUS BUMP SHOW!!』に「OVER AMP」・**
「サード アイ」2曲収録(DELICIOUS LABEL) ＊ライブ会場 & 通信販売限定

03.07 新宿 LOFT [LOFT 30th Anniversary ROCK OF AGES 2006 with : うつみようこ]

◆**MY FOOT TOUR** [全22ヶ所]
02.26 さいたま新都心 HEAVEN'S ROCK
03.03 横浜 CLUB 24

03.05 宇都宮 HEAVEN'S ROCK
03.09 郡山 CLUB #9
03.10 仙台 CLUB JUNK BOX
03.12 弘前 Mag-Net
03.14 札幌 PENNY LANE 24
03.18 高崎 club FLEEZ
03.19 新潟 CLUB JUNK BOX
03.21 長野 CLUB JUNK BOX
03.25 静岡 Sunash
03.27 京都 MUSE
03.28 奈良 NEVER LAND
03.30 広島 NAMIKI JUNCTION
04.01 福岡 DRUM LOGOS
04.03 松山 SALON KITTY
04.05 米子 BELIER
04.07 岡山 ORGA HALL
04.09 名古屋 CLUB DIAMOND HALL
04.15 大阪 なんば Hatch
04.19 Shibuya O-EAST
04.22 Zepp Tokyo

04.30 エコキャンプみちのく (HATAHATA)
[ARABAKI ROCK FEST.06' with : 藤原美幸(秋田民謡) / THE BACK HORN /
GOING UNDER GROUND / TRICERATOPS / 10-FEET / locofrank /
BOOM BOOM SATELLITES]

05.21 愛媛大学 医学部 体育館
[第30回 医学祭 with : GOING UNDER GORUND]

05.31 下北沢 CLUB Que
[SWINGING ROCK'N ROLL SHOW vol.2 with : MAMORU&THE DAViES /
サード・クラス]

06.03 Shibuya O-EAST
[Getting Better~10th Anniversary Special【Live】~ with :
OVERGROUND ACOUSTIC UNDERGROUND /
COMEBACK MY DAUGHTERS / ハヤシムネマサ (REVERSLOW) /
DJ : 片平実 / VJ : Xenon]

◆**MY FOOT TOUR in USA and Mexico shows**
06.17 Mexico City, MX Circo Volador [with : azul gt / shokora]
06.18 Mexico City, MX Circo Volador [with : azul gt / shokora]
06.20 Chicago, IL Logan Square Auditorium
[with : Light Pollution / I Need Sleep]
06.22 New York, NY The Knitting Factory~main performance stage~
06.24 Seattle, WA The Crocodile Cafe
[with : THE STEREO FUTURE]
06.27 Hollywood, CA Whisky A Go Go
[with : BROADCASTER / freeway people]
06.28 San Francisco, CA Slim's
[with : Lemon Drop Kick / B.E.N.O.M. / Secret Secret]

★07.04 **album『MY FOOT』全米リリース**(Geneon U.S.A.)

BIOGRAPHY

the pillows
discography

■ ALBUM ■

●Indies 1st. mini album
パントマイム

1990.4.25
GONG-6021
CAPTAIN RECORDS

●2nd. mini album
90's My LIFE

1990.10.25
HOMO-001
HOMO RECORDS

●Major 1st. album
MOON GOLD

1991.6.21
PCCA-00279
PONY CANION

●2nd. album
WHITE INCARNATION
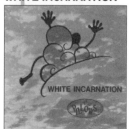
1992.5.21
PCCA-00369
PONY CANION

●3rd. album
KOOL SPICE

1994.7.2
KICS-421
KING RECORDS

●4th. album
LIVING FIELD

1995.3.24
KICS-472
KING RECORDS

●5th. album
Please Mr. Lostman

1997.1.22
KICS-606
KING RECORDS

●6th. album
LITTLE BUSTERS

1998.2.21
KICS-666
KING RECORDS

●7th. album
RUNNERS HIGH

1999.1.22
KICS-710
KING RECORDS

●8th. album
HAPPY BIVOUAC

1999.12.2
KICS-758
KING RECORDS

●best album
Fool on the planet

2001.2.7
KICS-850
KING RECORDS

●9th. album
Smile

2001.10.31
KICS-900
KING RECORDS

● 10th. album
Thank you, my twilight

2002.10.23
KICS-976
KING RECORDS

● B-side 集
Another morning, Another pillows

2002.10.23
KICS-977～978
KING RECORDS

● 11th. album
ペナルティーライフ

2003.11.6
KICS-1309
KING RECORDS

● re-sale album
90'S MY LIFE returns

2004.3.30
BUMP-016
DELICIOUS LABEL
＊ライブ会場＆通信販売限定

● self cover mini album
TURN BACK

2004.6.23
KICS-1090
KING RECORDS

● tribute album
シンクロナイズド・ロッカーズ

2004.9.16
KICS-1103
KING RECORDS

● 12th. album
GOOD DREAMS

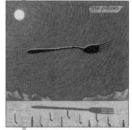

2004.11.3
KICS-1121
KING RECORDS

● 13th. album
MY FOOT

2006.1.12
KICS-1214
KING RECORDS

■ SINGLE ■

● 1st. single
雨にうたえば

1991.5.21
PCDA-00188
PONY CANION

● 2nd. single
彼女はシスター

1992.4.17
PCDA-00300
PONY CANION

● 3rd. single
DAYDREAM WONDER

1994.8.24
KIDS-197
KING RECORDS

● 4th. single
ガールフレンド

1995.3.24
KIDS-223
KING RECORDS

● 5th. single
Tiny Boat

1996.1.24
KIDS-247
KING RECORDS

● 6th. single
ストレンジ カメレオン

1996.6.21
KICS-557
KING RECORDS

● 7th. single
Swanky Street

1996.8.21
KICS-563
KING RECORDS

● 8th. single
TRIP DANCER

1996.11.21
KIDS-307
KING RECORDS

● 9th. single
彼女は今日,

1997.3.5
KIDS-333
KING RECORDS

● 10th. single
ONE LIFE

1997.6.28
KICS-619
KING RECORDS

● 11th. single
ハイブリッド レインボウ

1997.11.21
KIDS-356
KING RECORDS

● 12th. single
アナザー モーニング

1998.1.21
KIDS-369
KING RECORDS

● 13th. single
NO SELF CONTROL

1998.9.2
KICS-687
KING RECORDS

● 14th. single
インスタント ミュージック

1998.11.27
KIDS-401
KING RECORDS

● 15th. single
カーニバル

1999.7.28
KICS-740
KING RECORDS

● 16th. single
RUSH

1999.10.27
KICS-757
KING RECORDS

● 17th. single
Ride on shooting star

2000.4.26
KICS-781
KING RECORDS

● 18th. single
I think I can

2000.11.22
KICM-1008
KING RECORDS

● 19th. single
**白い夏と緑の自転車
赤い髪と黒いギター**

2002.8.1
KICM-1054
KING RECORDS

● 20th. single
ターミナル・ヘヴンズ・ロック

2003.9.3
KICM-1080
KING RECORDS

● 21st. single
その未来は今

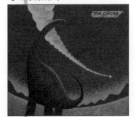

2004.10.6
KICM-1120
KING RECORDS

● 22nd. single
ノンフィクション

2005.9.14
KICM-1146
KING RECORDS

● 23rd. single
サード アイ

2005.11.23
KICM-1147
KING RECORDS

● 24th. single
Gazelle city ～The Atomic Age～

2006.2.26
NKCD-6333
KING RECORDS

＊ライブ会場＆通信販売限定

● 1st. LIVE VIDEO
Hello, Welcome to Bubbletown's Happy Zoo (instant show)

1998.2.21
KIVM-228
KING RECORDS

● 1st. VIDEO CLIPS
WE HAVE A THEME SONG

1999.2.26
KIVM-245
KING RECORDS

● 2nd. LIVE VIDEO & DVD
BUSTERS ON THE PLANET

2001.8.29
KIVM-265 / KIBM-26
KING RECORDS

● 2nd VIDEO CLIPS
DEAD STOCK PARADISE

2003.9.3
KIBM-47
KING RECORDS

● 1st. LIVE VIDEO （DVD化）
Hello, Welcome to Bubbletown's Happy Zoo (instant show)

2003.9.3
KIBM-48
KING RECORDS

● 1st. VIDEO CLIPS （DVD化）
WE HAVE A THEME SONG

2003.9.3
KIBM-49
KING RECORDS

● DOCUMENT DVD
WALKIN' ON THE SPIRAL

WALKIN' ON THE SPIRAL

2004.9.16
KIBM-69
KING RECORDS

● 3rd. LIVE DVD
916 "15th Anniversary Special Live DVD"

2005.1.26
KIBM-80
KING RECORDS

● 4th. LIVE DVD
DELICIOUS BUMP TOUR IN USA
the pillows & noodles

2005.9.14
KIBM-92
KING RECORDS

the pillows

discography

Best Collection
BAND SCORE : Including 15 Words and Music
the pillows

the pillows
vocal, guitar : SAWAO YAMANAKA
guitar : YOSHIAKI MANABE
drums : SHINICHIRO SATO

guest musician
bass : JUN SUZUKI (fragments)

supervisor : the pillows

cooperation : BAD MUSIC GROUP PUBLISHING
KING RECORDS CO., LTD.

artist management : KAZUSHIRO MIURA (BAD MUSIC GROUP)
management desk : CHIE ARAI (BAD MUSIC GROUP)
executive producer : MITSUNORI KADOIKE (BAD MUSIC GROUP)

cover photograph : KAZUMICHI KOKEI
live photograph : JUN SUZUKI (KING RECORDS) , KAZUMICHI KOKEI
equipment photograph : RYOTA SASAHARA (panoramic co., ltd.)

interview text : TOMOYUKI MORI
score copy : SENYA MIMURA (1~4) ,KOUNOSUKE IJUIN (5~7) ,YOSHIHIKO KADOUCHI (8~15)
maiking fair copy : CRAFTONE (1~4,8~15) ,KOUNOSUKE IJUIN (5~7)
book design : SHINJI SHIMOYAMA, NORIMITSU YANAGI
editorial supervisor : NOBUHIRO ISHIKAWA
editor : JUN SASAKI, MEGUMI USUDA, YOJI SATO

バンド・スコア
ザ・ピロウズ／ベスト・コレクション

発行日：2006年 3月30日初版発行
　　　　2010年 8月30日第12刷
発行人：山下 浩
発行所：株式会社ドレミ楽譜出版社
［営業部］〒171-0033 東京都豊島区高田3-38-23 高田ハイツ1F
Tel.03-3985-5031 Fax.03-3988-6681
［編集部］〒171-0033 東京都豊島区高田3-36-4 クリエイティヴ・ボックス・ビル
Tel.03-3988-6451 Fax.03-3988-8685
ホームページURL http://www.doremi.co.jp/
ISBN978-4-285-10699-2
定価(本体2800円＋税)

弊社出版物ご注文方法
楽器店・書店などの店頭で品切れの際は、直接販売店で
ご注文いただくか、弊社までお問い合わせ下さい。
尚、インターネットでの商品検索・購入も可能です。
弊社ホームページをご覧下さい。
http://www.doremi.co.jp/